그리스도를 따르라

그리스도를 따르리

발행일 2019년 6월 20일

펴낸이 김성호
펴낸곳 성미출판사
출판등록 720-93-00159
주소 서울 금천구 가산로 115-4(가산동)
홈페이지 www//:sungmebook@hanmail.net
전화번호 010-7314-2113
이메일 sungmebook@hanmail.net

편집/디자인 (주)북랩
제작처 (주)북랩 www.book.co.kr

ISBN 979-11-960049-5-8 13230 (종이책)

성미출판사는 문서선교를 지향합니다.

구원에 이르는 유일한 길

그리스도를 따르라

김성호 지음

성민출판사

저자의 독백

'지식의 반감기'라는 표현이 있다. 일정 시간이 지나면 자신이 기억하고 있는 지식과 생각이 반으로 줄어든다는 뜻이다.

나는 6세부터 교회에 다녔다. 성령 체험을 한 19세 청년 시절 이후부터는 신앙에 모든 삶을 걸고 성경 탐구와 기도 및 교회 출석을 열심히 했다. 이는 바른 인성, 즉 경우를 밝게 아는 사람으로 성장하는 데 좋은 밑거름이 됐다. 수없이 맞이하고 지나쳐 보낸 사계절의 순환 속에서 사물의 이치를 깨닫는 사리 분별, 사회적인 포용력, 참을 줄 아는 인내심, 남을 위한 배려, 상대방에 대한 존중, 물 흐름의 격, 본연의 색깔, 어린아이의 심정, 선함, 가난에 굴복하지 않은 삶, 외로운 고독, 시심(詩心), 뒤늦게 시작한 신학, 인문학 등을 변변치 않은 독서로 배우며 체험했다. 이 모든 배후에는 "사람의 종이 되지 말고 나의 인도를 받아라."라는 말씀의 간섭을 오늘도 여전히 지키시는 하나님이 계셨다. 내가 살아온 삶의 연단 과정에서 그분이 아니셨더라면 지금의 나는 어떤 인물이 되어 있을까?

그렇지만 아무리 신심으로 살아간다고 할지라도 인간은 환경의 지배를 받는다. 여기까지 오는 여정은 참으로 힘겨웠다. 무엇보다 의(衣), 식(食), 주(住) 문제의 고통이 고질적으로 심각했다. 그 열악한 환경을 그나마 견뎌낼 수 있었던 까닭은 끝없는 글쓰기와 끊임없는 하나님의 위로와 격려 덕분이었다. 이를 통해 미래를 내다보게 되었다.

1987년 여름철에 작정 기도에 들어갔다. 장소는 바위 동굴이었다. “너는 성경을 많이 읽어라.”라는 음성에 따라 9일 만에 성경 전체 66권을 완독했다. 자신감이 일었다. 복음 사역을 꿈꾸며 나의 은서(恩書)가 된 성경 탐구와 기도를 계속해서 잇는 것으로 준비를 더욱 다졌다. 그렇지만 길은 좀처럼 열리지 않았다. 믿음, 소망, 사랑을 한꺼번에 잃게 한 길고 캄캄한 침체는 육신의 배고픔을 돌아보게 하였다. 임의로 해결책을 찾지 않으면 굶어 죽을 수밖에 없는 절벽의 처지로 내몰렸다. 그렇지만 하늘이 길을 열어 주지 않음으로써 허구한 날 헛된 발걸음만 할 뿐이었다. 그 홧김은 보복심을 불러일으켰다. 하나님과의 교류를 완전히 끊었다. 그렇지만 가장 천한 나를 알게, 모르게 인간이 되도록 가르치시며 이끌어 주신 하나님을 잊을 수는 없었다.

이 책은 그 영적인 회복 차원에서 나를 위해서 내게 된 것이다. 동시에, 다원화 사회에서 믿음의 생명력을 잃어가는 독자 여러분들도 함께하는 동참을 기대해 본다.

2019년

김성호

목차

제3부 흔들며, 깨우며

목자의 상

사랑의 힘

기독교의 원뿌리

"예수는 교회의 머리이시다(엡1:22, 골1:18)."

아브라함

집안의 대를 이을 자식이 없다는 괴로운 초조감에 사로잡힌 사래는 더 이상 희망을 걸 수 없었다. '내 출산을 여호와께서 허락하지 않음'을 확신한 것이었다(창16:2).

남편 아브람은 아내의 귓속말을 지혜롭게 받아들였다. 남편 아브람은 아내가 데려온 여종 하갈의 몸을 당겨 안았다. 주인의 수태를 가졌다며 기뻐 날뛰게 된 하갈은 본처 사래에게 멸시의 모욕을 종종 던졌다. 사래는 그 억울한 하소연을 남편에게 퍼부었다. 무릎을 붙들고 눈물을 흘렸던 효력은 컸다. 남편으로부터 아내의 권한을 되찾은 사래는 여종 학대에 들어갔다.

주인의 말에 따라 움직여야 하는 수족의 몸종으로 다시금 내려앉은 하갈은 여주인의 핍박으로 인해 집 밖으로 뛰쳐나갔다. 그 길목에 있는 광야의 샘물 곁에서 여호와의 사자를 만난 하갈은 여주인에게로 돌아가라는 말과 함께 앞으로 낳게 될 아들의 이름까지 듣게 된다. 아브람이 팔십육 세에 얻은 그 아들의 이름이 이스마엘(여호와께서 네 고통을 들으셨음, 창16:11)이다.

아브람은 구십구 세 때 그의 앞에 나타난 여호와로부터 민족의 아버지가 될 것이라는 미래의 축복에 이어 그 명예에 걸맞은 아브라함이라는 개명을 듣는다(창17:5). 이어 그의 아내 사래의 이름도 '사라'로 바뀐다. 그 사라가 구십 세의 나이에 아이를 배고 남편이 백 세 때 마침내 출산하기에 이른다.

한 아버지에 엄마가 다른 한 형제인 두 아들. 어느 날 사라는 이집트 여인 하갈의 아들인 이스마엘이 친자 이삭을 놀리는 광경을 목격하게 된다. 한집에 있는 두 아들 간의 싸움은 불화의 중대 요인임을 깨달은 사라는 남편 아브라함에게 기업(롬9:70)을 양분할 수 없는 종의 아들을 내쫓으라는 투쟁을 벌이게 된다. 아브라함은 마지못해 하갈의 두 어깨에 떡과 물가죽 부대를 지워 주고 떠나라고 타이른다. 말하자면 나의 간섭에서 벗어나서 한민족을 이루라는 허락이었다.

이삭(본처의 자식)과 이스마엘(첩의 자식)이 아브라함의 후손임을 정통적으로 똑같이 믿는 종교가 유대교·이슬람교·기독교이다. 기독교와 구약은 공유하나 특히 모세오경(창세기·출애굽기·레위기·민수기·신명기)을 주 경전으로 삼기에 오늘날까지 예수를 구세주로 인정하지 않는 유대교와 신(알라) 앞에서는 모든 사람의 평등을 주장한다. 성직자를 따로 두지 않는 이슬람교는 기독교에서 인류의 죄를 짊어지신 예수(빌2:8)를 믿는 믿음(롬1:17)의 구원관과는 사뭇 다르다.

신의 계시의 말씀인 『코란』(성경의 잘못된 오류를 바로잡는 경전)을 일생동안 읽거나 암송하면서 신앙을 키우는 이슬람교는 유대교와 함께 행위의 구원을 강조한다. 유대교는 세상에서 얼마나 거룩하게 살았느냐에 기준을 두고 있고, 이슬람교는 착하고 올바르게 살았다면 구원을 받는다고 한다. 이 또한 행위로는 구원을 입을 수 없다는 기독교와 견해차를 보인다(롬10:10).

기독교와 그리스도교는 같은 어원이다. 그리스어 '크리스투스'를 음역한 말이 그리스도인데, 이는 '메시아'를 뜻한다. 구약성경의 예언(사53:4~6), 그 메시아 예수를 곧이곧대로 믿는(롬10:4) 사람들이 곧 기독교인인 것이다.

그리스도의 한자식 표기는 기독(基督)이다. 16세기에 종교 개혁의 바람이 불면서 양측으로 갈라선 신교성직자들에게 '프로테스탄트'라는 명칭이 붙었다. 바로 그 천주교와 개신교를 한데 묶어서 기독교라고 한다.

기독교는 예수를 구주로 섬기고 있다. 항상 제사장이신 예수(히7:3)는 하나님의 독생자로서 사람의 몸을 입고 삼 년여의 복음전도 생활을 하시다 죄인의 형틀인 십자가에 달리셨다. 그가 최후에 남기신 기도문은 다음과 같다.

"아버지여, 저들을 사하여 주옵소서. 자기들이 하는 것을 알지 못함이나이다(눅23:34)."

창세기 신화

1849년, 영국의 고고학자 헨리 레이어드(Austin Henry Layard, 1817~1894년)는 아시리아 제국의 수도였던 니네베(Nineveh, 현재의 이라크 모술)의 아슈르바니팔(Ashurbanipal) 왕국에서 무려 2만 5천 점에 달하는 점토판 문서를 발굴해 내는 쾌거를 이룩했다. 또한, 7장의 점토판에 아카드어로 기록된 기원전 18세기 바빌로니아 창조의 서사시(Epic of Creation)를 발견했다. 그 안에는 "에누마 엘리쉬(Enuma elish: 태초에 저 높은 곳에서)"라는 어절이 새겨져 있었다. 보통 『에누마 엘리쉬』라고 불린다. 대영 박물관의 조지 스미스(George Smith, 1840~1876년)는 그 토판의 일부분을 번역하여 『칼데아의 창세기』라는 제목을 달고 책으로 출판하였다. 1902년, 대영 박물관의 킹(Leonard W. King)은 이 7장의 문서를 신이 6일에 걸쳐 창조를 끝내고 제7일에는 휴식을 취했다는 이야기에 비유하여 '천지창조의 7토판(The Seven Tablets of Creation)'이라고 명명했다.

"태초에 하나님이 천지를 창조하시니라."라는 '자연과학'의 선포로 열린 성경의 역사는 아주 길다. 창세기 1장1절의 장엄한 구절은 실은 구약성서의 편집자들이 기원전 4세기경 수메르와 바빌로니아의 신화에서 영감을 얻어 기록한 문구라는 고고학적 견해가 있다. 그 증거로, 인류의 조상인 아담과 이브의 창조(기원전 4004년) 전인 2000년경에 이미 중국에서는 갑골 문자가 사용되었다는 점을 제시하고 있다.

에덴동산의 지명이 기원전 3000년 전에 수메르의 이상향 딜문(Gilmun)에서 파생됐다는 이 주장에 따르면, 에덴동산의 관리지기인 아담(사람)의 첫 번째 부인은 이브(생명)가 아니라 성욕이 매우 강했다는 릴리스(Lilith)였다. 릴리스를 격하한 그 상징적인 흔적이 이사야(34:14)이고, 사해문서, 탈무드에 이어 독일의 시인 괴테도 『파우스트』에서 아담의 최초 부인인 릴리스를 등장시켰다. "여호와 하나님께서 아담에게서 취하신 그 갈빗대로 여자를 만드시고…(창2:22)."라는 구절의 배경도 수메르의 물의 신 엔키의 갈비뼈의 통증을 치료하기 위해 닌티(Ninti)라는 딸이 태어나는 장면을 연상시킨다. 수메르어로 '닌(Nin)'은 여왕 또는 여신-여인의 뜻이며, '티(ti)'는 '갈비뼈', '생명을 주다'를 의미한다.

『길가메시 서사시(The Epic of Gilgamesh)』는 인류에서 가장 오래된 문학 작품으로 알려져 있다. 그리스 호메로스의 『오디세이아』보다도 1500년 이상 앞선 책이다. 그 책의 내용으로는 주 무대인 고대 메소포타미아 지역의 신과 내세관, 모험 이야기, 인간의 운명에 항거하는 인간의 모습 등이 묘사되어 있다고 한다. 이 『길가메시 서사시』 제11장에는 구약 창세기 노아의 홍수 이야기가 실려 있다. 히브리인들은 『길가메시 서사시』에서 7일 동안 퍼부은 비를 40일로 확대하는 윤색을 입혔으며, 방주의 2층 높이도 3층으로 고쳐 기록에 남겼다.

이밖에도 수메르 문화의 헤브라이즘의 모태 입증은 카인과 아벨, 모세의 율법, 욥기의 비극, 시 문학 등이다. 구약성서의 발원지가 수메르에 기원을 두고 있다는 뜻이다.

성경 연구학자들은 사사기의 삼손 이야기는 헤라클레스 내용을 차용한 것이라고 주장한다.

예루살렘

유대교·이슬람교·기독교의 동시 성지인 예루살렘. 예루살렘 원초의 뿌리는 아브라함이 아들이삭을 번제물로 드리려 했던 모리아 땅이다(창22:2).

모리아의 그 역사는 죽지 않고 남아서 솔로몬 시대에 성전 건축의 장소로 정해진다. 일전에 여호와께서 다윗에게 나타나셨던 오르난 타작마당이 그곳이다(역하3:1). 또한, 이곳은 오늘날 서기 70년경에 티투스 황제를 대리한 디도 장군에 의해 멸망하여(마24:2) 돌담의 일부 벽만 남아있는 예루살렘 구시가지에 있는 18m 높이의 돌담인 '통곡'의 벽이다. 이곳은 유대교인들이 매주 금요일 예레미야 애가를 낭독하며 기도하는 거룩한 성지이다.

예루살렘은 약 3000년 전에 2대 왕 다윗이 에브스 부족을 몰아내고 세운 이스라엘의 수도이다. 그러나 오늘날에는 3개 종파의 성지 주장으로 인해 국제법상 어느 나라에도 속하지 않은 도시이다. 그 틀을 미국이 깨고 대사관 존치에 박차를 걸었다. 그 뒤를 따라 이스라엘은 2018년 7월 19일경에 자국의 정체성을 '유대인의 국가'라고 규정했다. 그 속에는 유대인의 고유 언어인 히브리어의 강화와 그 이면으로 공용어인 아랍어의 격하를 깔고 있다.

예수가 생전에 당나귀를 타고 다녔던(마21:1~10) 감람산 소재의 예루살렘. 예수 부활 이후 열한 제자를 포함하여 예수의 어머니, 예수의 아우들 외에 120명이 더불어 모여 기도에 힘썼던 다락방(행1:12~15). 솔로몬 행각(행3:11)에서 베드로 설교 이후 기독교의 기반이 된 예루살렘.

길리기아 다소에서 나서 자랐으며, 가말리엘 문하에서 엄한 율법의 교육을 받은 배후에 힘입은 가문에서 자라난 로마 시민권자인 사울은 유대교를 모독하는 메시아(그리스도) 추종자들을 도무지 용서할 수가 없었다. 그는 대제사장과 장로들로부터 다메섹 형제들에게로 가는 공문을 받아들고서 냅다 달렸다. 그때의 시각은 정오 무렵이었다. 그때, 하늘로부터 큰 빛이 그를 둘러 비추면서 "사울아, 사울아. 네가 왜 나를 박해하느냐(사22:7)."라는 음성이 울려 퍼졌다.

철저한 회심 후에 "복음에는 하나님의 의가 나타나서 믿음으로 믿음에 이르게 하나니 오직 의인은 믿음으로 말미암아 살리라(롬1:17)."라는 담대한 복음 증언으로 기독교 신학 체계를 확고하게 다진 바울.

서력 570년 4월. 그날 워낙 궁벽한 집안에서 태어난 아이는 결혼 3개월 차에 여행 중에 죽은 아버지의 얼굴은 전혀 볼 수 없었다. 홀몸이 된 어머니 아미나는 아들을 베두인족에게 보내서 그곳에서 자라게 한다. 그러나 그 어머니마저 죽어 여섯 살 아이는 할아버지 압둘 무탈립의 보호를 받게 된다. 고아의 고향인 메카는 다신교 지역에 동서로 상업이 활발한 지역이라 대상들을 흔히 볼 수 있었다. 의지할 곳 없던 고아는 그 대상들 사이에 끼어 상업에 종사하기에 이른다. 이후 양치기 목동이 된 25세 청년은 상단의 주인이면서 부유한 미망인인 카다자의 제안을 받아들여 부부의 연을 맺는다.

무함마드는 풍족한 생활에 적응할 수가 없었다. 40살이 된 그는 절대적인 은거 속에서 금욕과 기도에 모든 것을 걸었다. 수년 후 그는 하라 동굴에서 '꾸란'(#읽어라 아랍어)이라는 천사의 음성을 듣게 된다.

탄압이 심한 메카를 떠나 예루살렘으로 들어온 무함마드가 신비한 체험을 겪은 이후 승천(?)했다는 곳이 현재의 알아크사, 곧 모스크 장소이다.

"예루살렘아. 너를 불쌍히 여길 자 누구며 너를 위해 울자 누구며 돌이켜 네 평안을 물을 자 누구냐(렘15:5)."

"야곱의 분깃은 그와 같지 아니하시니 그는 만물을 지으신 분이요, 이스라엘은 그의 소유 지파라(렘51:19)."

"칼을 피한 자들이여 멈추지 말고 걸어가라. 먼 곳에서 여호와를 생각하며 예루살렘을 너희 마음에 두라(렘51:50)."

주는 살아계신 하나님의 아들이시나이다

빌립보 가이사라 지방에 이르신 예수는 사람들이 자신을 어떻게 부르는지 궁금하여 제자들에게 "사람들이 인자를 누구라 하느냐(마16:13)?"라고 물으셨다. 제자들은 입에서 "세례 요한, 엘리야, 또는 예레미야나 기타 선지자 중 하나이다."라는 답변을 냈다. 예수께서 "너희는 나를 누구라 하느냐?" 하고 재차 물으셨다. 베드로가 나서며 "주는 그리스도시오, 살아계신 하나님의 아들이시나이다(마16:16)."라는 대답을 힘차게 고백했다.

기원 후(Anno. Domini는 주님의 해라는 의미) 첫 백 년 동안은 팔레스타인 땅에서 예수 그리스도의 운동이 초대 그리스도 교회로 변천해 가는 중대 시기였다. 그리스도교를 위험한 이단이라고 몰아세운 유대교의 지도자들은 예수 그리스도 운동에 적극적으로 가담한 동족 유대인들을 무차별적으로 박해했다. 그 와중에 잠시 동안 정치적 독립을 누렸던 유대에 로마군이 다시 진입하여 예루살렘을 남김없이 파괴하고 성전도 허물었다(기원 후 70년, 예수의 예언, 마 24:2). 그렇지만 다른 지역에서는 유대교의 분교인 그리스도교 운동이 거세게 일어났다. 이 운동의 기틀을 다지는 데 혁혁한 공을 세운 인물이 사도 바울과 그 외측인 영지주의(靈知主義, 고대에 존재했던 혼합주의 종교, 신인 데미우르고스가 신의 영을 이용해 물질을 창조하였다고 믿는 그노시스)[1]였다.

1~2세기경의 로마 제국 내에는 수많은 종교가 난립하고 있었다. 만신전을 비롯하여 거룩한 어머니 키벨레, 황소 숭배, 미트라교(엄격한 금욕적인 윤리 주창) 등이 성행했다. 그 외에 상당한 세력을 갖고 있었던 유대교와 반신반인의 황제 숭배가 중요한 종교로서 역할을 담당했다. 그렇지만 기독교인들은 이러한 종교들에 절을 올리는 우상 숭배는 결단코 하지 않았다. 우주의 진정한 통치자인 하나님, 부활하신 예수만을 굳건하게 섬기며 예배했다. 그 순교적 씨앗으로 인해 기독교가 오늘날 인류의 종교로 자리매김하기에 이른 것이다.

기독교인들을 향한 로마 황제의 탄압은 잔혹했다. 54~68년 사이에 재위했던 네로의 행적이 가장 대표적이다. 사도 바울도 그의 손에 투옥되어 순교했다. 그런데 로마 황제 중 한 인물이 그리스도인으로 개종하는 역사의 대반전 사건이 터졌다. 그 주인공은 콘스탄티누스 1세(Constantinus I, 274~337년)이었다. 콘스탄티누스의 기독교 합법화의 부흥에 힘입어 기독교가 삼 세대가 지나 국교로 선포되는 말미에 '이스라엘 탈무드'가 형성되었

1 출처: 위키백과.

다. 덧붙여 기원 후 약 400년에 나온 탈무드는 '팔레스타인 탈무드' 또는 '예루살렘 탈무드'이고, 유대 민족이 가장 권위적으로 떠받드는 기원 후 약 600년에 나온 탈무드는 '바빌로니아 탈무드'로 불린다. 전체 탈무드의 대표성을 띠고 있다.

당시 사회적 신분이 여성·노예·노동자 등으로 아주 낮았던(고전1:26~28) 초기 시대의 성도들은 공동체에 소속하고 일요일(예수의 부활 요일, 초대 교회의 기원)마다 규칙적인 모임을 가지면서 공동 식사, 즉 사랑의 식사를 나눴다. 그 시기에 신약성서는 아직 미완성이었기에 구약성서 중심의 내용을 듣거나 배우며 부활 후 사십일 동안 이 땅의 공기 호흡을 더 맡으셨다가 승천하시기 전에 "예루살렘을 떠나지 말고 내게서 들은바 아버지께서 약속하신 것을 기다리라(행1:4)."라는 말씀을 남기신 예수 그리스도를 기다리는 신앙심을 다졌다.

예수,
그는 누구인가?

태생적으로 도저히 믿기지 않는 성령의 출산으로 신성시되는 예수는 긍정 자와 부정자 간의 찬반이 팽팽하게 맞서고 있다. 예수를 하나님의 독생자로 믿으면서 그의 가르침에 생사를 걸고 지키며 따르는 성도들은 "주는 그리스도이시요 살아 계시는 하나님의 아들이시니 이다(마16:16)." 고백이 자연스러우나, 종교관이 다르거나 그 믿음의 바깥에서 신을 열렬히 부인하는 사람들은 그의 "살리는 것은 영이요 육은 무익하다(요6:63)."라는 가르침은 실상에 맞지 않는 허상에 불과하다."라며 사치하고 방종(약5:5)에 치우친 경멸감으로 혀를 찼다.

북아프리카 누미디아 타가스테(지금의 알제리)가 고국인 아우구스티누스(Aurelius Augustinus, 354~430년)는 중세 최고의 신학자이자 교회의 아버지로 불리는 인물이다. 그는 혈기가 펄펄 끓는 청년 시절에 법률 공부를 하는 한편으로 정욕에 빠진 타락한 행동을 일삼았다. 서른 살이 된 그는 어느 날 밀라노에 있는 친구 집에서 인생의 낙을 잃고 무화과나무 아래에서 눈물을 쏟아냈다. 그때 담장 너머에서 놀고 있는 한 아이의 입에서 누군가에게 "집어 들고 읽어!"라는 말이 터져 나왔다. 아이의 이 말을 흘려듣지 않은 그는 벌떡 일어나 친구의 방으로 곧장 발을 들였다. 친구의 성경책이 제일 먼저 눈에 띄었다. 책장을 펼치자마자 눈에 들어온 성경 구절은 "방탕하거나 술 취하지 말며 음란하거나 호색하지 말며 다투거나 시기하지 말고…(롬 13:13)."이었다.

아우구스티누스는 '선한 신과 악한 신이 세상을 지배한다.'라는 의문을 풀지 못했던 예전의 모습에서 벗어나 "악이란 없으며 선의 결핍뿐이다."라는 한 마디를 내던지고 9년간 심취했던 마니교와 단절했다.

독실한 신자인 어머니 모니카의 정성스러운 관심 속에서 아들 아우구스티누스는 계속 성경을 읽어 내려갔다. 그렇지만 법학자의 정교한 눈으로는 단순하며 소박한 성경 구절이 쉽사리 가슴에 와닿지 않았다.

아우구스티누스의 성경관은 '인류의 조상인 아담이 최초로 저지른 죄로 말미암아 후손인 오늘의 인간들도 그 죄에서 벗어나지 못하고 끊임없이 작은 선을 선택할 수밖에 없다. 어떻게 해야 우리가 작은 선을 택하지 않고 더 큰 선으로 향할 수 있을까? 이는 우리의 육체의 힘만으로는 불가능하다. 오직 신에 대한 믿음과 신의 은총을 통해서만 우리는 비로소 작은 선에 대한 집착, 곧 악행에서 벗어나서 큰 선을 택할 수 있다.'이다. 그는 이러한 것들의 총 정립으로 '원죄론'을 주창했다.

예수는 "내 아버지께서 모든 것을 내게 주셨으니 아버지 외에는 아들을 아는 자가 없고 아들과 또 아들의 소원대로 계시를 받는 자 외에는 아버지를 아는 자가 없느니라(마11:27)."라는 말씀 그대로 하나님의 아들이다. 다시 말해서 "믿지 아니하는 자는 하나님 독생자의 이름을 믿지 아니하므로 벌써 심판을 받은 것이니라(요3:18)."의 정립이다.

이방인들은 상관없으나 믿음 안에 들어와 있는 성도는 "허물과 죄로 죽었던 너희를 살리셨도다(엡2:1)." 즉, 은총의 구원을 입었다는 뜻이다.

요셉과 마리아 부부는 해마다 예루살렘을 찾아 유월절 절기를 지켜 왔다. 관례를 다 마친 부부는 즉시 귀갓길에 올랐다. 그렇지만 부부는 하루 동안 걸어왔던 길을 되돌아가야 하는 난감한 상황에 놓이게 되었다. 당연히 동행하는 줄 알았던 열두 살 아들이 보이지 않았던 것이다. 부부는 친족이나 아는 사람들에게 아들의 행적을 묻고 물으면서 돌아온 예루살렘 일대를 두루 살폈다.

사흘 후, 성전 안에서 선생들 사이에 앉은 채로 듣거나 질문하기도 하는 아들을 발견할 수 있었다. 어머니 마리아는 듣는 자가 그의 지혜와 대답에 놀라는 광경을 보고 "아이야, 어찌하여 우리에게 이렇게 하였느냐? 보라. 네 아버지와 내가 근심하여 너를 찾았노라."라는 말을 붙이며 아들에게로 다가갔다. 이에 아들 예수는 "어찌하여 나를 찾으셨나이까. 내가 내 아버지 집에 있어야 될 줄을 알지 못하셨나이까?"라고 대답했다(눅 2:41~49).

어제나 오늘이나 성도는 예수를 잃으면 생고생을 감수해야 한다.

예수는 교회의 머리이시다

국어사전의 정의에 따르면, 깨달음은 '생각하고 궁리하다 알게 되는 것'이다.

불교는 비실체론적(mon-substantial)인 사유를 근본으로 하고, 그것은 곧 연기적인 세계관을 가리킨다. 연기를 본다는 것은 깨달음을 얻는다는 말과 같이 쓰인다.

모든 사람의 안에 '신의 영원한 불꽃'이 있음을 강조하는 종파가 깨달음(영지)을 좇는 영지주의(靈知主義) 종파이다. 기독교에서 영지주의 종파를 이단으로 규정 내린 원인을 설명하자면 이렇다.

"예수가 육체를 갖고 태어나 그 고통을 통해 사람의 원죄에 대해 속죄했다는 데에 영지주의는 동의하지 않았다." 그들의 영육 이원론을 완전히 부인하지 않는 신학자들 중에서는 '믿음'보다 '깨달음'을 통해 기독교에 새로운 지평이 열릴 수 있다고 보는 경향도 있다.

사실 은혜는 깨달음에서 온다. 깨달음은 아무런 생각 없이 무덤덤하게 지나쳤던 사물을 비로소 깊이 눈여겨보게 한다(욥 42:5).

영지주의를 좀 더 구체적으로 설명하자면 정신과 영은 선하고 육과 물질은 악하다는 주장이다. 이원론의 극단은 물질을 만든 창조주인 하나님조차 저급한 신으로 본다. 그러면서 옛 언약인 구약과 신 언약인 신약의 단절을 과도하게 강조하고 있다. 육체의 악과 분리해서 신성만으로 보호하는 예수에 대해서는 선한 영이 악한 인간의 육을 입었다면서 성육신을 부인하는 가현설(假現說)의 논리를 펴고 있다.

헬레니즘 시대에 유행했던 영지주의의 궁극적인 목적은 사람들 하나하나가 자신의 본질인 순수의식으로 돌아가 신과 하나되는 자기 각성과 자기실현이다.

성경 속의 예수는 분명히 "말씀이 육신이 되어 우리 가운데 거하신다(요1:14)." 또한, 참 빛으로 오신 분이시다(요1:9).

사도 바울은 "혼인을 금하고 어떤 음식물은 먹지 말라고 할 터이나 음식물은 하나님이 지으신 바니 믿는 자들과 진리를 아는 자들이 감사함으로 받을 것이니라(딤전4:3)."라는 말을 통해서 편견을 버리라고 훈계하고 있다. 또한, 누가복음과 사도행전을 저술한 의사 누가는 행10장15절에서 "하나님께서 깨끗하게 하신 것을 네가 속되다 하지 말라."라고 기록했다.

신비주의에 대한 집착은 하늘의 계시만이 신성이라는 주창이다. 그러나 영안이 밝아 하나님의 음성을 들으며 영적 소통이 열린 거룩한 신자라 할지라도 땅 위에서 살아가는 한 언제든 타락으로 떨어질 수 있다. 궤도 이탈인 탈선은 속된 말로 '정신 줄을 놓았다.'라는 표현처럼 범죄이다. 그 방지는 예배를 중심 삼아 주어진 일상생활을 해나가는 것이다.

예수는 교회의 머리이시다(엡1:22, 골1:18). 예배의 정점은 구원 입은 성도들의 주일(主日)예배이다. "무리에게서 스스로 갈라지지 않거나(잠18:1)", 모이기를 폐하는 어떤 사람들의 습관도 좇지 않으니(히10:25), 하나님께서 기뻐하심으로 인해 영적인 병에 걸릴 리가 없다.

예수는 신일까?
인간일까?

하나님을 아버지(요17:1)라고 부른 예수는 신일까? 인간일까? 이 질문의 해답은 난제 중의 난제였다. 출생과 사망 연대는 불분명하나 알렉산드리아에서 금욕주의 설교자로 활동했던 아리우스는 예수의 신성을 이렇게 강조했다. '사람보다 우월하지만, 육체로 죽임을 당하셨기에 하나님 앞에서는 열등하고, 사람을 초월하지만 신은 아니라는 것'이 아리우스의 예수관이다. 이 주창으로 그는 "예수의 탄생을 사람의 탄생과 동일한 차원에서 생각하는 것은 오류이다."라고 외치는 젊은 사제 아타나시우스로부터 맹렬한 비판을 받았다. 기독교 내의 이러한 분열을 지켜보고만 있을 수 없었던 콘스탄티누스 황제는 325년에 성직자들을 '니케아'에 모이게 했다. 그 자리에서 황제는 아타나시우스의 손을 들어줬다. 반대로 아리우스의 주장은 탄핵당하였다.

정치가 깊숙이 개입된 교리 논쟁은 70여 년을 끌었다. 381년 콘스탄티노플에서 마침내 확정한 니케아-콘스탄티노플 신조(일명 니케아 신조. 또는 318명 '참여자 수'의 신조)는 '기독교 신앙 선언서'였다. 그 전문 내용은 다음과 같다.

"우리는 전능하신 아버지 신 한 분을 믿는다. 그는 하늘과 땅을 창조하신 이요, 보이는 것이나 보이지 않는 모든 것을 창조하신 이다. 우리는 또한 한 분의 주 예수 그리스도를 믿는다. 그는 신의 독생자이시며, 모든 세상이 있기 전에 신으로부터 나온 신이시다. 빛으로부터 나온 빛이시며 참 신으로부터 나오신 신이시다. 그는 피조 되신 것이 아니라 신으로부터 태어나셨다. 그는 모든 것을 지으신 아버지와 동일 본질을 가지신다. 그는 사람을 위하여 본디오 빌라도에 의하여 십자가에 달리셨다. 그는 고난을 당하시고 매장되셨다가 3일 만에 성경의 말씀대로 부활하셨다. 그는 하늘에 오르사, 아버지 오른편에 앉아 계시다가 영광중에 다시 오셔서 산 자들과 죽은 자들을 심판하실 것이다. 그의 나라는 영원무궁할 것이다. 그리고 우리는 주님이시며 생명을 주시는 분이신 성령을 믿는다. 그는 아버지와 아들로부터 나오셨고, 아버지와 함께 예배와 영광을 받으신다. 이 성령은 예언자들을 통하여 말씀하셨다. 우리는 또한 거룩하고 보편적이며 사도적인 교회를 믿는다. 우리는 사죄를 위한 한 번의 세례만을 인정한다. 우리는 죽은 자들의 부활과 장차 임할 신의 나라에서의 삶을 바라본다."

모든 교회에서 예배 때마다 한목소리로 암송하는 사도신경은 이렇게 취합되어 오늘에 이른 것이다.

예수와 두 여인

예수의 성과 마을의 복음 전도에는 열두 제자 외에도 많은 여성의 헌신이 있었다. 헤롯의 청지기 구사의 아내인 요안나와 수산나 등 여러 명의 여자들이 자신들의 소유로 예수를 섬겼다. 막달라 마리아 역시도 그들 중 한 명이었다.

막달라 마리아는 일곱 귀신이 들렸던 인물이다. 어느 날 그녀는 예수께서 한 바리새인의 집을 방문했다는 소식을 듣게 된다. 그녀는 돌에 맞을 위기를 무사히 넘기게 한 그날의 한 길 은혜의 보답으로 준비해 간 옥합을 깨트려 그 비싼 향유, 곧 순전한 나드 한 근을 예수의 발에 붓고 자기 머리털로 그의 발을 씻겼다. 곧바로 재정 관리를 맡은 가룟 유다에게서 "이 향유를 어찌하여 삼백 데나리온에 팔아 가난한 자들에게 주지 아니하였느냐(요12:5)?"라는 항변이 터져 나왔다. 예수는 자신의 장례 날로 간직하라는 말씀으로 유다를 말리셨다(요12:7).

막달라 마리아는 이뿐만 아니라 예수께서 부활하신 안식 후 첫날 새벽에 돌이 무덤에서 옮겨진 것을 목격하였다. 그 생생한 현장을 시몬 베드로 등에게 널리 알렸다.

다시 돌아와 혼자 남은 막달라 마리아는 무덤 밖에서 울면서 무덤 안을 들여다본다. 그곳에는 흰옷 입은 두 천사가 있었다. 한 천사는 예수의 시체를 뉘었던 머리 편에, 한 천사는 발편에 앉아 있었다. 두 천사로부터 "왜 우느냐?"라는 질문을 받은 여자는 "주님을 어디로 옮겼느냐?"라고 되묻는다. 이후 그녀는 예수께서 서 계신 것을 보았으나 그분이 예수인 줄을 알지 못한다. 동산지기인 줄로만 알았다.

그녀가 예수를 마지막으로 본 것을 로마 교황청이 인정하여 그녀는 2016년에 예수의 열세 번째 제자로 공인받았다.

베다니 마을에 들어가신 예수는 한 집의 초대를 받는다. 유월절 엿새 전에 무덤에서 불러내어 죽은 자 가운데서 살리신 나사로의 집이다. 나사로와 한 배 형제인 마르다, 마리아 두 자매가 예수를 영접했다. 마르다는 손님 대접 준비로 분주한 반면에 동생 마리아는 예수의 발치에 눌러앉아 하늘나라의 말씀을 들었다. 언니 마르다는 동생이 혼자 일하는 나를 돕게 하라는 청원을 올렸다. 그렇지만 마르다는 "네가 많은 일로 염려하고 근심하나 마리아는 빼앗기지 않는 좋은 편을 택하였다."라는 예수의 답변을 듣게 된다(눅10:38~41).

가톨릭에서는 마르다가 활동적인 삶의 상징이고, 마리아는 관조적인 상징으로 기록해 두고 있다. 가톨릭에서는 마르다가 요리와 가사의 수호성인이며 그 축일을 7월 29일로 잡고 있다. 교황 요한 바오로(요한네스 파울루스) 2세는 바티칸에 손님용으로 성 마르다의 집을 지었다. 바로 그 장소에서 추기경들이 모여 후임 교황인 베네딕토 16세를 선출했다.

삼위일체

예수의 어머니 마리아는 가톨릭과 동방교회에서는 성모(聖母)로 모셔지고 있다. 가톨릭은 이 바탕에서 예수 그리스도의 어머니 역할을 그리스도의 육화(하느님이 인간이 되어 그리스도가 되는 것), 즉 마리아가 그리스도의 어머니인 점, 어머니이지만 처녀였다는 점, 원죄의 부정을 피했다는 무 원죄의 성좌, 영혼과 신체 모두 하늘의 영광으로 올라갔다는 몽소승천 등의 내용을 1854년에 이어 1950년의 교의 결정 선언에 재차 담았다.

네스토리우스(중국 당나라 때는 '경교'로 불림)는 마리아를 '신의 어머니'라고 부르기에는 석연치 않다는 생각을 가지고 비성모설에 관한 설교를 하였다. 그는 결국 마리아는 '예수를 낳은 이'에 불과하다는 판단을 내렸다. 이 주장은 안티오크(서기 47~55년까지 사도 바울의 근거지) 신학자들의 지지를 받았다.

천주교 신자들은 출입구 오른편에 세워진 성모상에 합수 인사 후 성호 긋기를 한다. 삼위일체를 믿는다는 고백이다. 천주교 신자들의 이마를 짚는 것은 우주를 주재하는 성부, 가슴을 짚는 것은 사람들에게 사랑을 가르친 성자, 어깨(왼쪽, 오른쪽)를 짚는 것은 은총의 근원, 곧 성령을 의미한다고 여긴다.

삼위일체란 용어를 처음 쓴 사람은 신학자 테르툴리아누스이다. 그는 기원 후 155년경에 북아프리카 카르타고에서 출생했으며 문학·철학·특히 법률교양에 관한 지식의 폭이 넓었다. 저명한 법률가로 활동하였다.

그는 신이 인류를 구원하는 모습을 세 가지로 꼽았다. 창조주(성부), 사람의 몸을 입으신 예수 그리스도(성자), 신과 예수를 대리하는 보혜사(성령)가 그것이다.

성경에서는 삼위일체라는 용어가 직접 등장하지는 않는다. 그렇지만 성경 전반을 살펴보면 삼위일체를 입증하는 대목이 수두룩 많다. 대표적인 사례가 "예수께서 세례 요한으로부터 세례를 받으시고 곧 물에서 올라오실 새 하늘이 갈라짐과 성령이 비둘기같이 자기에게 내려오심을 보시더니 하늘로부터 소리가 나기를 너는 내 사랑하는 아들이라 내가 너를 기뻐하노라(막1:9~11)."이다. 또한, 예수가 하늘로 오르면서 제자들에게 "너희는 가서 모든 민족을 제자로 삼아 아버지와 아들과 성령의 이름으로 세례를 베풀고(마28:19)"라는 말씀을 남기셨다.

각자도생으로 하나님을 찾는 신앙인들의 모임을 결집하는 데 더할 나위 없이 든든한 구심점인 삼위는 문자 그대로 '셋의 하나'이다. 삼위에는 서열이나 등급이 없다. 동등한 신성의 위치에서 인류의 과거, 현재, 미래의 역사를 이끈다. 육안으로 볼 수 없는 그 삼위의 현현은 예수를 믿는 가운데서 볼 수 있다(마18:20).

오늘날은 "보라 지금은 은혜받을 만한 때요 보라 구원의 날이로다(고후6:2)."라는 구절처럼 성령의 시대임이 분명하다. 그 영향력이 1960~1970년의 부흥 기간에 비하면 현저하게 쇠퇴하기는 하였으나 한 성령을 체험한 영적은사(방언·방언통역·신유·예언·지혜·지식·믿음·사랑·영분별 고전12:8~11)는 아직도 도처에서 소명적으로 나타나고 있다.

주일(主日)

예배는 고유한 이름만 달리 불릴 뿐, 어느 종교든지 다 정례로 드린다. 예배란 기독교의 경우 구별된 거룩한 유형 장소(교회)에 나아가 평일보다 더 신령과 진정으로 준비된 믿음으로 하나님을 모시는 행위이다(요4:24).

이스라엘과 유다를 동시에 통솔하게 된 다윗은 어느 날 천부장과 백부장, 곧 모든 지휘관을 불러 모아 기럇 여아림에 방치된 하나님의 법궤를 다윗 성으로 옮겨오는 일을 상의했다. 일동 모두의 찬성으로 법궤를 옮겨오는 일정이 잡혔다. 왕의 지시 하에 법궤는 새 수레에 실려 이동을 시작했다. 온 무리가 아비나답의 집에서 출발하는 길목에 늘어서서 힘을 다하여 뛰놀고 노래하며 수금과 비파와 소고와 제금과 나팔 등의 연주로 대대적인 환영 행사를 벌였다.

수레가 기돈의 타작마당에 이르렀다. 이때 무엇을 보고 놀란 건지, 겨리 소들이 질서 행보를 무너트리는 난리를 쳤다. 아효와 함께 수레를 몰던 아비나답의 아들 웃사가 본능적으로 순간 편 손으로 마구 흔들리는 궤를 붙들었다. 그러자 함께하신 하나님의 대노가 즉각 나타났다. 웃사가 급사한 것이었다.

왕은 눈앞에서 갑작스럽게 벌어진 돌발 상황에 불길한 예감을 느꼈다. 그 장소를 '베레스 웃사(삼하6:8)'라고 명칭을 붙인 그는 두려워서 떠는 가슴으로 "하나님의 궤를 어떻게 내 곳으로 오게 하리요."라는 신음을 내뱉었다. 그래서 궤는 가드 사람인 오벧에돔의 집으로 가게 되었다.

석 달이 지났다. 하나님께서는 자신의 궤를 보호하는 오벧에돔의 집과 그의 모든 소유에 복을 내리셨다(역상13:1~14).

"일곱째 날은 네 하나님 여호와의 안식일인즉(출20:10)." 이는 모세에게 내려진 돌판 십계명 중 하나인데, "네 발을 금하여—오락을 행하지 아니하며—여호와의 성일을 존귀한 날이라(사58:13)." 유대교인들이 오늘도 전통적으로 지키는 토요일의 '안식일'과 달리 기독교에서는 왜 일요일을 '주일(主日)'이라고 하는 걸까?

"안식 후 첫날 일찍이 아직 어두울 때에 막달라 마리아가 무덤에 와서 돌이 무덤에서 옮겨진 것을 보고…(요20:1)." 즉, 일요일 새벽에 "이는 그가 사망에 매여 있을 수 없었음이라(행2:24)."라는 구절을 통해 예수 부활 이후의 베드로의 설교 주제가 이를 뒷받침하고 있다.

죄명도 불분명하고 단지 유대인들의 서로 맞지 않는 거짓 증거의 시기를 정치적으로 받아들여 그 유명한 죄수 바라바는 풀어 주고 예수를 십자가 형틀에 내맡긴 총독 빌라도.

이후 예수 부활을 힘써 증언한 베드로, 바울 등을 붙잡아 순교자로 남긴 로마. 그 로마제국 동쪽 지역의 부 황제 아버지와 선술집 딸인 어머니 사이에서 태어난 콘스탄티누스 1세(Constantinus I). 그는 게르만 민족과의 전쟁에서 혁혁한 공을 세웠으나 기독교를 필요 이상으로 탄압하여 원성이 자자했던 디오클레티아누스(Diocletianus) 황제의 뒤를 이를 한 자리를 놓고 유력한 경쟁자인 막센티우스(Marcus Aurelius)와 일전을 벌여 312년 10월 28일에 마침내 빛나는 승리를 거두었다. 출정할 때 "정오의 태양 위에 빛나는 십자가"의 승리를 예감했다는 콘스탄티누스 황제는 기독교 공인과 더불어 국가가 몰수했던 교회재산을 돌려주었을 뿐만 아니라, 321년 예수 부활의 일요일(태양신의 요일)을 휴일로 추인하기에 이른다. 콘스탄티누스가 죽은 지 50여 년 후인 서기 392년에 테오도시우스 1세(Theodosisus)는 기독교를 로마제국의 '국교'로 선포한다.

"모든 길은 로마로 통한다."라는 말처럼 로마제국의 태평성대는 800여 년 동안 이어진다. 그렇지만 그 이면으로는 하나님의 고개를 돌리게 하는 범죄들이 횡행하고 있었다. 위세의 교만, 호화로운 목욕문화, 물질 만능주의, 성적타락, 각종 오락 등이 그 사례들이다. 그 틈새로 죽임, 강간, 약탈 등의 행위를 통해 문명의 미발달을 드러낸 야만족들이 득세했다. 로마는 민족의 죄상으로 인해 강도 집단에 침식당하는 쇠락의 길로 점차 빠져들기 시작하였다.

신학자 아우구스티누스의 예언대로 476년에 서로마부터 멸망의 징후가 나타나기 시작했다.

성령의 운동

부유한 포목상 가문에서 태어난 아들. 초년 시절부터 파티와 환락과 도박을 즐겼던 방탕아. "네 소유를 팔아 가난한 자들에게 주라(마19:21)."라는 예수의 성경말씀을 진지하게 받아들인 이후 스스로 거리로 나가서 낡은 옷에 밧줄로 허리춤을 동여맸던 극빈의 자유주의자. 제5차 십자군 원정 중에 터키의 술탄을 만나 유혈사태 종결을 개진했던 평화주의자. 그 사이에 무슬림 군으로부터 사흘 기한의 보호를 받았을 정도로 죽음을 두려워하지 않았던 담대한 인물. 어깨에 새를 앉히고 늑대가 그의 손을 비벼대는 자연환경과 친숙한 모습을 보여준 자. 자신의 생활방식대로 타인들에게도 재산·지식·권력 등을 거부하라는 연장선상에서 동료들의 책 한 권의 소유에도 세속주의에 대한 근절 경고를 보냈던 극단의 절제주의자. 자신의 몸에 그리스도의 십자가 오상의 흔적을 그대로 재현해냈던 신비주의 영적 체험자. 그 예수와 높은 수준의 일체감으로 하나님의 음유 시인으로 불렸던 프란체스코. 그의 낮고 낮은 행적을 본받겠다면서 동명을 내걸고 오늘날 세계가 우러러보는 정신적인 지도자로 우뚝 선 프란체스코 교황.

"바람이 임의로 불매 네가 그 소리는 들어도 어디서 와서 어디로 가는지 알지 못하나니 성령으로 난 사람도 다 그러하니라(요3:8)." 영적인 것은 신비롭다. 성스러움에 대한 갈증은 죄악이 날뛰는 세속과 일정한 거리를 두고 있다는 뜻이다. 그들의 몸속에는 성령의 운동이 있다. 그 영이 가라 하면 걷고 서라 하면 제자리에 멈춘다. 마치 젖과 꿀이 흐르는 가나안땅으로 향해 가는 광야의 여정에서 낮에는 구름기둥, 밤에는 불기둥의 진행에 맞추어 걷고 쉬었던 이스라엘 민족들처럼 말이다(출13:21). 이러한 모습은 자신의 의지가 없는 한낱 기계적 같지만, 그 행위는 그리스도와 연합되어 있다(롬6:5). 그리스도의 고유 방식으로 형성을 갖춘 예수의 영에 속하여(롬8:9) 있는 사람들의 정형적 복종주의 신앙이다. 영이 순결한 그들의 마음은 심약하다. 그러나 그리스도의 평강(빌2:5)으로 세상을 바라보는 그들의 내형은 마귀와 싸울 때는 결백의 용기로 넘쳐흐른다(삼상17:45). 또한, 전쟁은 하나님께 속한 것임을 굳게 믿는 신념으로 채워져 있다(삼상17:47). 그 낯빛은 푸른 영혼의 평화로 빛나고 단순성은 사람들을 끌어들이는 친절이며 쓴 고난의 인내로는 하나님의 승리를 이끌어낸다.

후세들이 본받으려 하고 영원히 기리는 성인(聖人)의 반열에 오르기는 쉽지 않다. 추위, 배고픔, 한데서 잠을 자더라도 하나님과의 교통인 기도의 끈을 잠시도 놓지 않아야 한다(살전5:17).

기도 부족에서 나타나는 현상은 영적인 능력이 한층 떨어진다는 것이다. 영적 수행으로 인간의 한계를 뛰어넘어야만 하늘로부터 인정받을 수 있다. 그리스도의 인격과 결속되어 있어야 영성의 모범생으로 거듭날 수 있다.

우리와 똑같은 육신을 입은 성인들도 한때 속물근성에 절어 있던 인물들이다. 보통 사람인 우리와 똑같이, 저마다 형태가 다른 과거의 죄들을 묻어두고 있다. 그들은 그 행위들을 회개(마26:75)하였기에 하늘의 택함을 받아 복음 증언자가 될 수 있었다. 영안이 열리는 은총의 부여는 하나님께서 주관하신다.

교회 모임의 연대감이나 전례 중계 물들에 관습적으로 의존하는 성도는 입버릇이 된 표현(공 고백)처럼 그리스도의 관념에 대해 별 관심을 기울이지 않는다. 교회 내에서만 하하 웃는 만족을 보일 뿐, 교회 바깥에서 예수를 소개할 때는 지식이 없거나 빈약하여 흐려진 눈을 깜박거리는 미온적인 태도로 넘어가는 경향을 곧잘 드러낸다. 대답하지 못하면 알지 못하는 것이다. 한정에 갇힌 형식이라서 그렇다. 그렇지만 교회의 전반적인 유지는 신학적인 안목이 부족하여 성경의 가르침이 불명료하다는 혼돈을 자주 겪는 보통의 성도들이 실상은 체계적인 주체들이라는 사실이다.

마르틴 루터

아버지의 뜻에 따라 사회적으로 성공을 추구하는 법학을 공부하던 마르틴 루터는 어느 날 학교 가는 길에 쏟아진 장대비 속에 갇히게 된다. 그는 큰 나무 아래로 피했다. 그때 벼락이 떨어졌다. 소스라치게 놀란 루터는 진탕 위로 꼬꾸라지는 쓴맛을 봐야 했다. 그러면서 그는 "저를 도우소서. 신부가 되겠습니다."라는 서원을 무심코 내뱉었다.

수도사의 길로 들어선 루터는 온갖 고행을 견디며 사소한 죄목까지도 낱낱이 회개했다. 아마 어린 시절에 호두 한 알을 몰래 먹다가 들켜서 어머니에게 호되게 맞았던 일까지 회개했으리라….

그에게 로마를 순례하는 기회가 왔다. 교황이 머무는 성당의 거룩한 계단을 무릎걸음으로 오르면서 암송해 둔 주기도문을 되뇌었다. 이 행위가 과연 '속죄'일까? 회의감은 그 과정에서 불쑥 솟아올랐다.

성당에서 나와 로마거리를 걷게 된 루터는 숨이 막힐 정도로 공기 질이 탁하다는 것을 몸소 체험했다. 향락·부패·타락의 죄악들을 실감했다. 여기에 더해 교황 알렉산데르 6세가 사생아인 자신의 친딸 루크레치아와 근친상간의 죄를 범했다는 소문이 도는 형편이었다. 그 교황이 족벌주의를 넘어 성직을 매매한다는 추가 소문은 절망 그 자체였다.

예수의 가시 면류관의 한 조각, 유다의 한 닢 은화, 모세의 떨기나무 등의 성물 모양을 돈을 받고 구경시켜 주는 상업도 널리 번지고 있어 정신을 어지럽게 했다. "당신은 밥줄, 영원한 밥줄." 이라고 기도한다는 우스갯소리를 수도사를 통해 듣기도 하였다.

예수께서 성전 안에서 돈 바꾸는 사람들의 상과 비둘기를 파는 사람들의 의자를 둘러엎으시며 "내 집은 기도하는 집이다. 그 집을 너희는 강도의 소굴로 만드는 도다(마21:12~13)."라고 외치신 장면을 떠오르게 하는 아수라장이 아닐 수 없었다. 신앙심에 불탄 루터는 본인의 눈으로 직접 본 교회의 부패상들과 싸울 것을 결심한다.

그의 첫 포문은 면죄부 판매의 반대론이었다. 면죄부란 죄를 지었을 때 교황이 용서를 내리는 것이었다. 면죄부가 곧 죄를 사함 받은 증명서인 셈이었다. 그는 이 내용을 포함한 95개 항목의 논박 문을 추려 시각적인 주목도가 높은 비텐베르크 교회의 문에 붙였다.

인쇄술의 발달로 논박 문의 효력은 가히 폭발적이었다. 모금의 귀재인 태첼의 보고를 받은 교황은 버럭 화를 내며 루터를 로마로 소환했다. 작센의 선제후(신성 로마제국 황제선출 자격자)인

프리드리히는 그 소환 요청에 불응하며 루터를 보호했다. 여기에 맞선 루터는 "교황보다 공의회가 더 높으며 모든 사람은 오류를 범할 수 있기에 기독교의 최종 권위는 성경이 가진다."라고 반박했다. 로마 교황청은 루터를 정죄하며 파면했다(1520년). 황제는 한 발 더 나아가 '루터는 법에서 추방된 자'라는 칙령을 내렸다. 이는 누구든지 루터를 죽여도 된다는 선언이기도 했다.

작센의 프리드리히의 길거리 납치 위장으로 바르트부르크성에서 은신하게 된 루터는 엄격한 금욕 생활을 하면서 인간 죄의 근원을 생각했다. 그러면서 시편22편을 통해 오직 믿음으로 하나님의 은총을 받아들이는 것이라는 정리를 마쳤다.

교회 개혁의 반향은 놀랍게도 전 유럽으로 퍼져나갔다. 이 무렵에 루터 신부의 결혼이 전격적으로 성사됐다. 이 또한 사제들의 독신주의 전통을 깨는 파격이었다. 상대 여성은 16세나 어린 수녀였다. 이름은 카테리나 폰 보라. 수녀원을 집단 탈출한 수녀 중 한 명이었다.

카테리나 폰 보라는 수도원을 개조해 학생들과 손님들의 숙소로 제공하는 한편으로 맥주 공장도 운영했다. '루터 맥주'는 당시 선제후에게 납품될 정도로 인기가 높았다. 루터의 말년 모습은 뚱뚱했다는데, 아마도 맥주로 인한 비만일 것으로 추측된다.

장 칼뱅

마르틴 루터 외에도 예정론 주창자인 장 칼뱅 등의 교회 개혁 운동으로 인해 프로테스탄트, 즉 개신교가 태동했다. 프로테스탄트의 등장으로 서방기독교는 로마 교황을 중심으로 한 가톨릭과 개신교로 나뉘었다.

프로테스탄티즘은 자본주의 사회의 기틀인가? 막스 베버(Max Weber 1864~1920년, 독일의 사회과학자, 『프로테스탄티즘의 윤리와 자본주의 정신』의 저자)는 교회개혁을 적극적으로 수용하여 근대사회를 연 국가들은 경제성장이 두드러지게 나타난 반면에, 같은 시기에 가톨릭 국가로서 세계 최강이었던 에스파냐가 경제적으로 몰락한 점에 주목했다. 베버는 프로테스탄티즘이 욕망을 윤리적으로 적절히 통제함으로써 향락의 방탕에 주의하면서 최선을 다해 일하도록 고취하여 돈을 추구하는 기본을 갖추었다고 보았다.

베버는 "하나님은 오래전부터 예정해 두셨다."라는 대변자인 칼뱅주의에도 주목했다. 베버 시대의 격차는 물론이고 국적과 활동 영역이 전혀 다른 칼뱅을 주목한 까닭은 '근대주의 형성과 근대주의 정신' 이론의 결이 자신의 생각과 일맥상통했기 때문이다.

각각 다른 위치에서 루터와 교회개혁을 주도한 장 칼뱅(프랑스 출신 1509~1564년)은 장로교파 창설자이다. 프랑스 국왕인 프랑수아 1세의 이단에 대한 박해로 스위스의 바젤로 피신해 있는 동안 복음주의의 고전인 『기독교 강요(綱要)』를 쓴 그의 신학론은 신의 절대적인 주권을 강조하는 신관(神觀)을 바탕으로 하고 있다. 구원을 받을 자와 멸망에 이르는 자가 그 생명 전부터 신에 의해 결정되었다는 예정설(豫定說)과 성찬의 빵과 포도주는 그리스도의 현존과는 상관없다는 내용이 그의 신앙관의 핵심이다. 예정이란 그리스도 안에서 십자가 부활의 은혜를 경험하고, 세례(침의)와 성례전 및 말씀을 통하여 예배의 삶에 참여하면서 주어지는 믿음의 확신을 통하여 자신이 하나님으로부터 예정되었음을 신앙고백으로 나타내 보이는 것이다.

그는 오직 성령(聖靈)의 힘만이 세상을 이길 수 있다고 강조한다. 예배에 관해서도 가톨릭 미사를 폐지하고 설교 중심의 예배를 세웠다. 또한, 교회에서 목사·교사·장로·집사의 직무를 정하고, 목사와 장로로 구성된 콘시스토리움에 따라 교회가 운영되도록 제도화했다. 오늘의 당회로 이해하면 될 것이다.

"한 손에 성경을, 한 손에 신문을 들라."라는 명언을 남긴 장 칼뱅은 시대적인 상황과 사회·경제에 지대한 관심을 보였다.

오늘날 미국의 대통령인 트럼프는 종잡을 수 없는 인물이다. 유대교 신자인 딸 내외와 달리 칼뱅주의를 따르는 청교도 주의

자이자이면서 성공주의에 빠진 그는 세계를 들었다, 봤다 하고 있다.

제2부

조선 땅에 뿌려진 복음 씨앗

(그리스도의 사랑과 그리스도의 믿음)

"개혁자들은 실패와 반복으로 자신만의 지경을 넓혀 나간다. 문제 고찰에 따른 끊임없는 상상력이 부양을 띄운다. 천재를 만든다. 다른 사람이 보지 못하는 것을 보는 눈이 곧 독창적인 창의성의 시발점이다. 인류는 이런 사람들이 각고의 노력으로 세운 각 분야에서 편의의 혜택을 다복하게 누리고 있다."

성서 번역

기독교 초기 교부들은 기독교 경전을 준비할 때 예수의 행적이 담긴 신약만을 채택하려고 했었다. 한 민족을 지켜내려 "인자야, 너는 예언하며 손뼉을 쳐서 칼로 두세 번 거듭 쓰이게 하라. 이 칼은 죽이는 칼이라. 사람들을 둘러싸고 죽이는 큰 칼이로다(겔21:14)."와 같은 인명 살상의 무서운 명령을 일관되게 일삼는 구약의 신은 사랑·평화·자비·비폭력 등을 몸소 실천하시다가 인류의 죄를 짊어지시고 십자가에 매달리신 예수의 사상과는 전혀 맞지 않는다는 견해 때문이었다. 그런데도 구약을 경전에 굳이 묶어서 넣은 까닭은 다윗의 자손에서 메시아가 나올 것이라는 구약의 예언자들이 줄곧 외친 정통성의 확보를 통해 예수의 정당성을 보전하려 했기 때문이다. 예수는 요셉의 계보인 다윗의 자손임이 분명하다(눅18:38).

최초의 성서 번역은 헤브라이어(구약) 성서를 그리스어로 옮긴 70인 역본이다. 이 '70'이라는 숫자는 당시 번역 사업에 참여한 72명의 학자를 말한다. 알렉산드리아 지역의 디아스포라 유대인들의 요구에 따라 기원전 3세기 중엽에 모세오경(창세기·출애굽기·레위기·민수기·신명기)번역 작업을 시작한 학자들은 두 언어의 문화적 배경이 다른 헤브라이어 문자를 그대로 옮긴 것이 아니라, 의미 전달의 성격을 바탕으로 주석을 달아 더욱더 이해의 폭이 넓은 의역을 시도하였다. 이 작업은 신약27권 번역을 포함하여 100년 사이에 이루어졌다.

신약성서가 교회 강단 위에 정식 경전으로 오른 시기는 기원후 397년 카르타고 종교 회의 석상에서였다. 4세기 말(390~405년)에 제롬의 주도로 이루어진 라틴어 불가탄 역본은 중세 1000년(500~1500년) 동안 서구 세계의 공인 성서로서 그 권위를 유지하였다.

교황청을 비롯한 성직자들은 일반인들에게 성서배본을 금하는 독식을 부렸다. 오로지 자신들만의 신정주의를 꿈꿨던 그들은 외국별 번역도 철저히 막으면서 면죄부를 팔아 자신의 배를 채웠다. 이때 마르틴 루터로부터 개혁의 등불이 밝혀졌다. 루터는 독일어 번역에 매달려 마침내 일반인들 손에도 성서를 들려주는 쾌거를 달성했다.

조선의 성경 번역

조선에 성서가 처음으로 배포된 시기는 1810년 알세스트호(號)의 함장 M. 맥스웰이 첨사 조대복에게 건네준 한문성서가 그 시효라 한다.

우리말 성서번역의 물꼬는 1882년 만주에서 스코틀랜드 선교사 j로스와 매킨타이어가 한국인 이응찬, 백홍준 등의 협조를 받아 열렸다. 이 당시에는 누가복음과 요한복음만이 출판되었다. 이 시기에 아펜젤러와 언더우드가 입국하여 한문 성경을 한국어로 번역하는 작업에 착수했다.

1891년에 언더우드는 7년에 걸친 선교의 피로를 풀 겸 안식년 휴가를 미국에서 보냈다. 그는 외지선교 신학교 연맹대회에 참석하여 보고 및 연설하는 시간을 가졌다. 청취자 중에는 대학시절부터 희랍어·라틴어·불어·독일어에 능통한 레이놀즈가 있었다. 이어 레이놀즈는 밴더빌트 대학에 유학 중인 윤치호의 조선 강연도 들었다. 큰 감격과 자극을 받은 레이놀즈, 테이트, 전키의 세 사람은 남 장로교 외지 선교부 실행위원회를 찾아가 조선 선교를 청했다. 테이트 목사의 여동생인 매티 데이트, 데이비스, 전키의 부인인 리번 그리고 레이놀즈의 부인이 합류해서 소위 '7

인 선발대'라 불리는 그들의 조선 입국은 1892년 11월 4일에 이루어졌다.

각 교파의 선교사들은 1893년에 한자리에 모여 상임실행성서위원회를 결성하였다. 5인 위원 명단에 들지는 않았으나 언더우드의 추천으로 레이놀즈를 돕게 된 어학선생으로 추강(秋岡) 김필수라는 인물이 있었다. 1872년에 경기도 안성군에서 부유한 연안 김 씨 가문의 독자로 태어나 남다른 특대로 한학을 공부한 인물이다.

갑신정변의 지도자인 박영효를 따라 일본 고베 망명생활 10년 만에 귀국한 후 호흡을 새롭게 맞추게 된 김춘수의 도움으로 한글문장을 보다 빨리 깨우친 레이놀즈는 서상륜 역, 이수정 역의 성서 번역본에 오역이 많은 까닭에 이를 새로 번역했다. 이 과정에서 기독교의 유일신 해독에 관해 히브리어 '엘로힘'과 희랍어의 '데우스'를 천주교는 '천주(天主)', 개신교는 '하나님'으로 각각 분리하여 발표했다. 하나님이란 기독교 부흥이 크게 일었던 평양 지역의 사투리이다.

개별적으로 또는 위원들 간의 협력 끝에 1900년에 신약 완성본이 레이놀즈의 거주지인 전주에서 탄생했고, 좀 더 깊어진 안목으로 미흡한 부분을 개역한 수정 본은 1904년, 다시 수정을 거친 공인 역본은 1906년에 출판되었다. 이것이 1937년에 개역성서가 출간될 때까지 성도들의 손때가 묻은 성경의 탄생과정이다.

1962년 제2차 바티칸 공의회에서 합의하에 통과된 교회 쇄신과 교회일치라는 바탕을 깔고 세계 가톨릭과 개신교 간에 성서 원서 공동번역에 대한 합의가 성사되었다. 두 교파는 1968년 1월에 성서번역 공동 위원회를 구성하고 1971년 부활절에 공동번역한 신약성서를 선보였다. 그로부터 6년 후인 1977년 부활절에는 구약성서 번역문이 나왔다. 번역작업에 참석한 사람은 천주교 원주 교구 선종완 라우렌시오 신부(작업 중 선종)와 개신교에서는 한국 기독교장로회 문익환 목사(3·1 구국선언으로 인해 구금)이었으며, 기독교 대한감리회의 이현주 목사가 맞춤법을 교정했다. 1999년에는 크게 달라진 한글 맞춤법을 반영하여 일부 오역을 수정하는 절차를 밟았다.

로버트 저메인 토마스

고국인 영국을 떠나 망망대해의 푸른 물살을 가르는 폴메이스호를 타고 중국으로 향한 로버트 저메인 토마스(Robert Jermain Thomas, 1839~1866년)는 생명의 복음전도 사명과 더불어 갓 결혼한 아내 캐롤라인 갓프리(Caroline Godfrey)와 함께하는 신혼여행의 달콤함에 젖어 있었다. 4개월여 만에 도착한 항구는 공기가 매섭게 추운 겨울인 12월의 항구였다. 그들 부부는 런던선교 지부장인 무어헤드(William Muirhead)로부터 영접을 받았다. 무어헤드는 토마스를 상해로 안내했다. 토마스는 체류 4개월 후인 1864년 3월 11일경에 런던선교회 소속 그리피스 존(Griffith John)선교사가 사역하는 한커우(漢口)로 갔는데, 그를 맞은 손님은 아내 캐롤라인의 바이러스 감염이었다. 병상에 눕게 된 아내는 유산과 동시에 죽음을 맞이하게 된다. 토마스는 하늘이 뒤집히고 땅이 무너지는 엄청난 고통의 슬픔을 이겨낼 수 없었다. 의기소침해진 마음을 기도로 추스르고 있을 무렵에 지부장으로부터 중국 내 '앵글로-차이니즈' 사립학교 교장자리를 제안 받는다. 토마스는 이를 거절했다.

이후 그는 청국 황립해상세관(皇立海上稅關)에 통역으로 취직했다. 그는 그곳에서 알렉산더 윌리엄슨과 목선을 타고 조선의 박해를 피해서 온 가톨릭 신자를 만나게 된다. 그들로부터 조선의 실상을 들은 토마스의 잠재의식이 깨어났다. 그는 세관 일을 보는 한편으로 중국인 대상의 주일예배를 윌리엄슨과 번갈아 맡아 하고 있었다.

1865년에 토마스는 그동안 친해진 두 명의 조선인을 앞세워 목선에 몸을 실었다. 당해 9월 13일에 창린도(昌麟道)라 알려진 황해도 연안의 한 섬에 도착한 토마스는 그곳에서 12월 초까지 약 두 달 반 동안 머물며 조선어 공부를 했다. 이와 병행하여 윌리엄슨이 들려 보낸 상당량의 한문성경을 외국인들에게 적대적인 섬 주민들에게 한 권씩 나눠줬다.

조선선교지 탐색을 마친 토마스는 중국으로 돌아왔다. 그 과정은 험난했다. 알렉산드리아 호에 승선한 사도바울 일행이 이탈리아로 향해 가는 도중에 만났던 유라굴로에 버금가는 광풍이 휘몰아쳐 생명의 위협까지 겪었다. 그는 사람을 집어삼킬 듯이 사나웠던 그 파도의 위력을 곧 잊었다. 많은 사람을 만나면서 어휘와 언어의 습득으로 조선선교에 대한 내일의 희망을 건 감회가 이전의 거센 풍랑을 잊게 한 것이었다.

대원군 치하에서 천주교 신자들이 무더기로 피 흘리며 쓰러져 가는 쇄국정체 국가인 조선을 재방문하기는 쉽지 않은 난제였다. 세 명의 프랑스 신부를 처형한 조선정부를 문책하기 위해 곧 조선으로 함대를 출동시킬 것이라는 소식을 들은 토마스는 극동함대 사령관으로부터 온 안내자 겸 통역가 제안을 기쁘게 받아들였다. 그렇지만 갑자기 인도차이나에서 폭동이 발생하여 로즈 제독의 행선지가 그곳으로 바뀌었다. 토마스는 될 성싶었던 눈앞의 일이 불발되어 입맛이 썼다.

이후 토마스에게 다시금 기회가 찾아왔다. 미국인 소유 제너럴셔먼호가 조선에 입국할 것이라는 소식이 들려온 것이었다. 토마스는 지난번처럼 한문성경과 그 외의 필수품을 챙겨들고 항구에 정박한 배에 올랐다. 토마스가 오른 제너럴셔먼호는 조선과의 통상거래의 길을 열려는 배였다. 그들이 준비한 물품은 면포·유리그릇·철판·자명종 등이었다.

토마스가 프랑스와의 관계가 극도로 악화된 조선행 제너럴셔먼호에 미국선장 페이지, 화물감독이자 영국인 선원 호가스, 항해사 미국인 윌슨 외에 서양인·청나라·말레이시아인 19명과 함께 승선한 이유는 불분명하다. 그의 신분을 고려할 때, 통역 구실 이면에는 영혼 구원의 선교목적이 있었던 것이 짙어 보인다.

의료 선교사 헤론

지구 한끝에 있는 나라, 미개척지 조선 땅은 황망했다. 꽁꽁 닫힌 원시 상태에서는 일순 벗어나 있었으나 제대로 된 주거, 제대로 된 공유건물 따위는 찾아볼 수 없었다. 팔로 안은 갓난아기에게 젖을 물리던 중인지 아무런 거리낌 없이 두 젖통을 드러낸 새치 산발의 아낙, 그 좌우에 서 있는 또 다른 두 어린 남매, 겨울용 땔감을 미리 장만하기 위함인지 생나무 한 짐 얹은 지게를 짊어지고 짚신 발로 걸음을 옮기는 저고리바지 차림의 농부, 돌아보니 얕은 봉우리 등선은 온통 헐벗은 민둥산이다.

왜 저리 서럽다는 완고한 낯빛들뿐인가? 풀을 뜯어 먹고 나무껍질로 겨우 기운 시린 두 발로 햇살을 바라보는 걸까? 육신의 배고픔을 채울 욕심으로 먹을거리만을 좇기에 마음의 여유를 잃은 휑한 눈빛들. 무슨 구경거리 없나 두리번거리는 빈둥빈둥 민중들. 그 탓인지 민중들의 표정은 하나 같이 생기 없이 누리끼리 어둡기만 하다.

저건 무슨 용도로 쓰이는 일렬의 돌멩이인가? 흐르는 내(川)를 가로질러 사람 보폭에 맞춰 듬성듬성 하나씩 놓은 돌다리(징검다리) 아니던가. 때마침 치맛자락을 부여잡고 성큼성큼 돌다리

위를 걷는 아낙네. 이편에서 자맥질 놀이하던 남자아이가 그 품에 안겨 어리광부터 부린다.

"아, 그렇구나. 이 동네, 저 동네를 잇는 소통의 다리로구나."

얕은 물줄기 속에서 자유롭게 유영하는 몸집 작은 고기들. 청아하게 우짖으며 공중을 나는 새들. 정말 자연풍경이 아름다운 조선이로구나. 오, 주님 감사합니다.

1884년 음력 10월 17일 저녁. 낙성식이 열리던 우정국에서 불길이 치솟았다. 갑신정변을 알리는 신호탄이었다. 김옥균(金玉均)을 중심으로 양반집 지식인들이 결성한 급진 개화파 박영효, 서광범 등은 아수라장으로 변한 행사장을 급하게 빠져나왔다. 명성황후의 오빠인 민승호(閔升鎬)와 그 아들이 죽은 뒤 양자로 입양된 인물이자 명성황후의 친척 조카이며 죽동궁(竹洞宮)의 주인인 민영익(閔泳翊)은 그 혼란 속에서 칼에 맞아 큰 부상을 입었다. 급하게 부름을 받은 한의사들은 길게 누워 연신 신음을 새어내는 그의 상태를 호전시키지 못한다는 죄책감으로 몸둘 바를 모르고 쩔쩔매고 있었다.

이때 미국공사가 알렌을 추천했다. 그는 미국공사 측에서 양의가 없어 고생한다는 소문을 듣고 있었던 터라 정착하지 못하고 방황했던 중국에서 1년 전에 자진해서 건너와 외국인 공의가 된 인물이다.

알렌은 빈사상태인 민영익을 회복시켰다. 민영익은 세상의 빛을 다시 보게 해준 생명의 은인에게 만 냥의 거금과 국부 고종을 소개했다. 고종은 알렌에게 국립병원, 곧 '광혜원'의 설립을 윤허했다. 운영비도 국고에서 지원받게 된 광혜원은 우리나라 최초의 서양식 병원이자 오늘날의 세브란스 병원의 전신이다.

국왕의 전폭적 총애로 1885년 2월 25일에 문을 연 광혜원에 1년 동안 다녀간 환자 수는 265명이었다. 그중 150여 명은 수술, 통원치료자는 10,460여 명에 달하였다. 그런데 돌연 알렌이 주미 조선서기관으로 임명되는 바람에 그 후임 자리를 헤론이 잇게 되었다. 이뿐 아니라 헤론은 알렌이 맡았던 고종의 시의와 '가선대부' 벼슬까지 동시에 물려받았다. 그때부터 헤론은 혜 참판(惠參判)으로 불렸다.

혜 참판은 황제와 황후를 섬기면서 왕족들도 가까운 거리에서 지켜보았다. 대궐 안의 고관들은 물론이고 외국 사신들의 안내를 도맡아 하면서 왕족 가운데 아픈 사람이 생기면 의료 시중도 들었다.

국립병원은 날로 번창했다. 헤론은 광혜원 간판을 '제중원(濟衆院)'으로 바꾸었다. 장소도 외국인 거주지에서 구리개(仇里介, 지금의 을지로 1가와 2가 사이)로 이사했다.

과연 가난한 백성들의 건강상태는 예상보다 심각했다. 한 병원에서 "조선 사람들의 절반은 천연두로 죽습니다."라는 보고서를 낼 정도로 당시의 조선백성은 매독·회충·피부병 관련 무좀·학질·장티푸스·소화불량·유행성감기·호흡기질환·눈병·부인병 등을 제대로 치료받지 못하고 부자유한 고생을 하고 있었다. 대체로 술을 많이 마시고 배고픔 해소에만 매달려 음식조심을 하지 않아 얻게 된 크고 작은 병들이었다.

초대 선교사들을 고통스럽게 애먹인 유행성 병은 곰보를 유발하는 콜레라였다. 남녀노소, 고하와 귀천을 가리지 않고 인명을 앗아갔다. 이 괴질이 만주 쪽에서 오는 것으로 판단한 평양감사는 "그 길목에다 장승을 세워라."라는 행정명령까지 내렸다. "개골창을 파서 괴질이 오다가 빠져 죽게 하라."라는 지시였다.

그 당시 평양에 머물러있던 마페트가 "설익어 날 것 같은 참외는 먹지 말고, 물은 반드시 끓여 마시고, 옷은 깨끗이 빨아 입고 집 안팎을 청결하게 해야 합니다."라는 말로 평양감사의 어리석은 행정을 지적하고 나섰다. 민중은 코웃음 치며 이를 무시했다.

아이들의 병인 천연두는 곧 왕실까지 침입했다. 여주 산간에서 태어난 사고무친의 처녀였다가 16세의 나이에 국모로 등극한 명성황후의 소생 한 명이 죽고, 엄비의 소생 한 명의 얼굴에는 곰보딱지가 들어앉았다. 궁궐 안에 무당과 판수(점치는 일을 업으로 삼는 소경)들의 왕래가 잦아졌다.

그런 무수한 환자들을 치료하려 동분서주한 헤론의 의료봉사는 실로 눈부셨다. 그는 그 와중에도 네 명의 번역위원들과 성서번역에도 힘을 썼다.

헤론은 성치 못한 몸을 이끌고 6백여 리나 되는 먼 시골에 가서 병자들을 치료했다. 그러면서 전염성 이질에 걸려 본인이 병상에 눕게 되었다. 그 한 달 전에 창설한 한국 성교서회(聖敎書會, 대한기독교서회의 전신)를 남겨놓고 33세 나이에 영영 일어나지를 못하였다. 한국에 온 지 불과 5년 만에 하늘의 부름을 수용한 것이었다.

동료 선교사들과 미국공사 측은 장례문제를 상의했다. 그들은 먼저 보좌의 주님 품에 안긴 고인의 시신을 조선 땅인 양화진에 묻기로 합의를 보았다. 양화진은 본래 선교사들이 자신들의 주거지로 삼으려고 했었던 장소였다. 그러나 반대 안을 제시한 왕실은 다른 곳을 지정하였다. 찌는 무더위로 한시바삐 동료의 안장을 원했던 선교사들의 입장이 난처해졌다. 그들은 우선 정동 미국공사관 경내에 임시 묘를 만들었다. 그런데 문제가 발생했다. 사대문 안에 외국인을 안장하는 것은 흉조라면서 왕실뿐만 아니라 일반 민중들까지 들고일어난 것이었다. 선교사들은 외교공세를 펼쳤다. 미국·러시아·프랑스·독일공사의 국가들과 공동명의로 양화진 공동묘지 사용 요구를 청원하였다. 왕실은 3년여를 끌었던 공동묘지 접수 건을 1893년 10월 24일에 마침내 수락했다.

근대 국가를 꿈꿨던 정변의 실패로 위급에 몰린 김옥균 등은 인천항에 입항해 있던 일본 배를 타고 조선에서 탈출했다. 일본에서의 망명생활은 고달팠다. 조선정부의 끊임없는 암살음모에 시달리기도 하였다. 1894년 김옥균은 조선정부의 사신인 이홍장과 담판을 지으려 중국으로 건너갔다. 그렇지만 자객 홍종우에게 목숨을 내주고 만다. 그의 시신을 넘겨받은 조선정부는 양화진에서 대역 죄인에 대한 화풀이를 능지처참으로 갚았다. 그 양화진에 헤론의사가 첫 번째로 영원한 잠에 들었다.

이어지는 글은 기퍼드가 『코리아 레파지토리』 1897년 12월호에 실은 글이다.

"당시 게일은 총각이었다. 그는 친구인 헤론이 죽자 그의 미망인과 결혼하였다. 헤론이 죽은 뒤인 1892년, 그때 게일은 30세의 총각이었고, 헤론의 미망인은 33세인 데다 전 남편의 아이가 둘이나 있는 과부였다. 게일은 또 전 남편의 아이들을 자기 호적에 넣되 '헤론'이라는 성은 그대로 남겨 두도록 했다. 아이들의 미국인 성을 그대로 둠으로써 아이들의 장래가 더 좋아지리라는 생각에서였다. 곤당골에다 신방을 차리고는 거기서 한국 고아들을 돌보며, 무어와 손잡고 1893년 곤당골에 교회를 세웠다. 오늘날 서울 인사동에 있는 '승동교회'의 전신이다."

개척자 언더우드

양 눈이 깊고 안면 복판의 코는 높으며 고른 치열을 감춘 두 입술에서 고요한 온정의 사랑을 머금은 미국 여자 릴리어스 홀드(Lillas S Horton)는 집에서 나와 정해진 자리에서 서성거렸다. 네 사람의 가마꾼을 기다리는 것이었다. 날마다 출근을 돕는 가마꾼들이 도무지 나타나지 않자, 홀드는 하는 수 없이 집과 가까운 광혜원까지 걸어가기로 마음을 먹었다. 나중에 알게 된 사실이지만, 가마꾼들이 그날 이후로 자취를 영영 감춘 이유는 서양 사람들의 가마를 메고 다닌다는 빌미를 붙인 사람들로부터 몰매를 맞았기 때문이었다.

밑도 끝도 없는 그 흉흉한 유언비어는 홀드가 조선 땅을 밟은 지 한두 달 무렵부터 나돌았다. 그 내용은 대략 이렇다. "훤칠한 키는 양귀자(洋鬼子), 즉 양도깨비이며 파란 눈의 귀신인 외국 사람들은 조선 아이들의 눈알을 빼어다가 안경알을 만들고, 염통을 빼어다가 양약을 만들어서 판다."라는 무지한 오해로부터 생겨난 낭설 때문이었다. 그러한 헛소문을 퍼트린 배후에는 조선에 이민 온 일본인들을 미워한 중국인들의 가벼운 입방아가 있었다. 그 괴담의 피해는 일본인들이 아니라 서양 사람들이 받게 된 것이었다.

이 괴란은 결국 민중폭동 사태로까지 번지게 되었다. 이른바 '아기소동'이 일어난 것이었다. 격분한 군중들은 몽둥이를 들고 떼를 지어 다니면서 "양인들 잡아라!"라며 고래고래 악을 쓰고 소리를 질렀다. 그 불똥은 어떤 대갓집 하인을 죽음에 이르게 하는 비극까지 낳았다. 서양 사람들의 앞잡이 노릇을 한다는 이유였다.

이에 각국 공사들은 외국인들에게 바깥출입 금지령을 내렸다. 제물포에 주둔하던 미군해병대가 서울로 급파되어 외국인들의 신변 보호에 나섰다. 보따리를 싸들고 외국으로 탈출을 시도했던 외국인도 있었다.

여의사인 홀드가 근무하는 광혜원에는 호러스 그랜트 언더우드(본명 Horace G. Underwood, 한국명 원도우)가 있었다. 그의 출신지는 영국런던이었다. 그는 6남매 중 넷째 아들로, 1859년 7월 19일생이다. 다섯 살 때 어머니를 여의고 열네 살 때 미국에 이민을 했으며, 그곳에서 뉴욕대학에 입학했다. 집안이 몹시 가난하여 20여 리 길을 걸어서 통학하면서 23세인 1881년에 졸업했다.

이후 개정교파(改正敎派)의 뉴브런스위크 신학교에서 공부를 마치고 목사안수를 받았다. 미국 북 장로교 선교부는 인도 선교에 뜻을 두고 준비하던 중에 "왜 너는 조선으로 가지 않느냐?"

라는 음성을 듣고 찾아온 언더우드를 1884년 7월 28일에 조선 초대선교사로 정식 임명했다.

조선 입국에 앞서 일본에서 두 달을 머물렀던 언더우드는 망명 중인 조선인 이수정이 번역한 마가 복음서를 뜻하지 않게 발견하고 크게 흥분했다. 조선어를 배울 수 있게 됐다는 기쁨의 소득도 함께 얻었다.

조선 방향으로 항해하는 배 안에는 감리교회 개척 선교사인 아펜젤러도 함께 승선해 있었다. 그렇지만 아펜젤러 부부는 조선에서 4개월 전에 일어났던 갑신정변으로 인해 신변의 안전을 장담할 수 없어 입국불허 판정을 받았다. 아펜젤러는 하는 수 없이 인천부두만 더듬었던 발길을 돌려 임신 중인 부인을 데리고 일본으로 다시 돌아갔다. 이에 반해 독신인 언더우드는 1885년 4월 5일 부활절 아침에 조선의 첫 선교사라는 영광을 안고 인천부두를 밟을 수 있었다.

4월 10일, 마침내 서울에 입성한 언더우드는 알렌이 개설한 광혜원에서 진료의사 보조일, 간호사 역할을 하며 화학과 물리학도 가르쳤다.

그 언더우드가 가마꾼들의 출퇴근 도움을 받을 수 없게 된 동료이자 초대 선임 엘런즈(Annie Ehlers, 명성황후의 최초 진찰 기록을 지상에 남긴 인물)와 벙커(초빙교사, 배재학당 교장 역임)와의 결혼으로 그 뒤를 이어 부인과 과장 일을 보게 된 홀드 양의 호위

병을 자청하고 나선 것이다. 선교사 파송 이전에 결혼을 전제로 약혼했었으나, 여자 편에서 개척선교사의 순탄치 않은 고생길을 감당할 수 없다며 헤어진 실연의 쓰라림을 가슴에 품고 있던 총각 언더우드와 처녀 홀드는 급격하게 가까워졌다. 이윽고 이들은 1889년 3월에 한 부부가 되는 결혼식을 올렸다. 홀드는 명성황후의 시의라 왕비의 특별대우를 받았다.

이어지는 글은 홀드 부인이 30년 후에 언더우드의 전기에 남긴 글이다.

"때는 1889년 3월. 언더우드와 나는 결혼식을 올렸다. 언더우드는 위험을 무릅쓰고 북쪽국경 지대까지 이미 두 차례나 여행한 경험이 있었다. 그때마다 그는 민중으로부터 따뜻한 인정과 친절과 대접을 받았다. 그러한 경험으로 인해서 그는 이번에도 하나님의 가호로 무사히 여행할 수 있으리라고 믿게 되었다. 더욱이 우리는 미국 공사로부터 여권을 받았으며, 조선 조정에서도 우리에게 여권을 발급해 주었다.

그리고 지방장관들에게 우리가 짐 싣는 조랑말을 요구하거나, 돈이나 양식이나 담요 같은 것을 요구하면 요구대로 다 주라(차후 서울에서 그 대가를 지불하기로 하고)고 명령했기 때문에 여간 다행이 아니었다.

우리는 송도, 평양, 강계 그리고 북쪽 국경 도시인 의주까지 갔다. 그곳에서 우리가 발견한 사실은 민중들이 기독교에 대하여 상당히 관심을 갖고 있다는 점이었다.

그러나 기독교에 대한 대다수 지식은 매우 불완전한 것이었으며, 어떤 사람들은 우리에게서 무슨 일자리나 먹을 것을 바라기도 하고, 또 어떤 사람들은 기독교를 단순한 개화사상으로 알고 크게 기대하기도 했다. 그러나 그중에는 참다운 신자들도 없지 않아서 우리에게 큰 기쁨을 안겨 주었다.

우리는 가끔 곤욕을 치르기도 했다. 난폭한 민중과 구경꾼들의 습격을 받았기 때문이다. 어떤 지방장관들은 우리에게 여관도 주지 않았기 때문에 우리는 단호한 태도로 법적으로 따진 다음에야 겨우 여관을 얻곤 했다.

우리는 캄캄한 밤중에 호랑이가 으르렁거리는 계곡을 통과했으며, 도적 떼를 만나기도 했다. 우리는 그 강도들에게 잡혀 죽을 줄 알았으나 그 강도들이 저희끼리 싸우는 판에 요행히 풀려나오기도 했다. 그리고 어떤 지방장관은 우리의 여권을 잘못 알고 우리 수행원들을 잡아다가 때리기도 했다. 그러나 하나님께서는 이 모든 위협과 공포에서 우리를 보호하여 안전한 여행을 마치고 집으로 돌아올 수 있게 해 주셨다."

언더우드 부부는 첫아이인 원한경을 낳았다. 부부는 이 외에도 김규식을 양아들로 데리고 살았다. 친아들과 아홉 살 차이인 고아 번개비(김규식의 어릴 때 이름). 김규식은 열여섯 살 때 미국 유학을 떠났다. 유학을 마치고 귀국한 그는 YMCA 간사와 경신학교 교사직, 양아버지의 비서역할을 맡아서 했다. 그는 훗날 양아버지가 12명의 성도와 힘을 모아 설립한 새문안교회의 초대장로가 되었다.

언더우드는 일선의 목회자로서 황해도 장연과 송천을 방문하여 교회를 세웠다. 그곳 신자들에게 복음의 이해를 도왔고, 압록강을 건너 당도한 만주 땅에서 사전 청원자 100명 중 30명에게 국내 첫 세례자인 노도사(盧道士, 헤론에게 우리말을 가르치다 성경을 훔쳐간 사람)에 이은 세례의식을 행하였다. 조선 내에서는 세례를 베풀어서는 안 된다는 미국 공사 측의 주의령 때문이었다.

『사서삼경』을 줄줄 외울 정도로 조선어에 능통했을 뿐만 아니라 그 실력으로 한자 말투를 배제한 성서번역도 겸한 그는 1897년에 「그리스도 신문」이라는 주간신문을 창간하여 새로운 지식과 영적양식을 알리는 데도 힘을 쏟았다. 당시 정부에서도 상당량의 부수를 구독하여 재정을 후원했다.

몇 장씩 또는 낱장으로 돌아다니는 150여 장의 악보를 모아 혼자서 번역하고 한 권의 찬송가로 엮어 간행하기도 했다. 또한, 그는 정치적인 외교술을 발휘하여 미국 각지를 다니며 모금한 금액으로 헐버트가 창설한 황성기독교청년회 YMCA의 기틀을 다지는 데 일조하기도 하였다.

1894년의 한겨울. 황후의 시의 홀드는 황후의 부름을 받고 궁권에 입성했다. 시의 홀드를 맞이한 황후는 궁 안의 연못이 잘 얼었으니 아이들을 데리고 스케이팅 놀이를 즐기라고 일렀다. 평소 많은 이야기를 나누면서 '왕비의 머릿속 지식은 중국에서 얻은 것이며, 섬세한 감각을 가진 유능한 외교관이면서, 시부인 대원군과의 복잡한 정치적 갈등으로 일본을 극구 반대하는 이면으로 조선의 이익을 위해 몸을 바치고는 있으나, 반대 세력들의 허를 찌르는 데 능하다.'라는 황후의 이미지를 나름대로 추려서 간직했던 언더우드 부인은 다른 한 날에 재입궐한 궁궐에서 아이들을 놀게 하였다.

부인은 아이들이 재밌게 노는 연못가 소나무에 크리스마스트리를 장식했다. 또한, 그 일을 마칠 무렵에는 명성황후에게 거리낌 없이 예수탄생의 이야기를 들려줬다.

그로부터 서너 달 뒤인 1895년 봄, 언더우드는 김홍집(金弘集)의 자택을 방문한다. 영을 내렸던 명성황후는 그 자리에서 귀족 집안의 자제들을 위한 학교설립 이야기를 꺼냈다. 부지는 이미

경복궁과 비원 사이 어느 지점에 마련해 놓았다는 말도 덧붙였다. 이뿐만 아니라 건축비 조로 3만 달러를 책정해 두고 있는 가운데, 1년 경상비로 2만에서 3만 달러를 세워놓겠다는 언질도 주었다.

명성황후로부터 의외의 선물을 받은 언더우드는 기쁨을 억누를 수가 없었다. 단숨에 건축설계와 건축비예산을 작성하여 재가를 기다렸다. 며칠 후 설계도를 조금 수정하라는 기별이 왔다. 그런데 기별대로 일부를 고친 설계도면을 다시 궁궐에 보내기 전에 세상이 발칵 뒤집히는 날벼락이 떨어졌다. 명성황후의 시해 사건인 '을미사변'이 터진 것이었다.

긴급 명령을 받고 미국군함이 인천항에 대기한 가운데 각국 공사들의 움직임이 분주해졌다. 고종도 황후를 시해한 낭인들에 사로잡혀 꼼짝할 수 없었다. 고종은 식음을 전폐했다. 살해 목적으로 음식물 속의 독을 경계한 것이었다. 고종은 믿을 수 있는 선교사 부인들의 음식물을 섭취하면서 목숨을 유지했다. 언더우드를 포함한 게일, 벙커, 애비슨의 선교사들은 하룻밤씩 야경을 서며 고종의 신변을 지켰다. 밤중에 악몽이나 공포증이 생기면 고종 황제는 가끔 "양인 없느냐?"라는 고함을 질렀다.

이전에 언더우드는 청소년 교육자로서 고아학교를 시작했다. 그 학교가 오늘날의 경신중·고등학교인데, 그는 초대교장 직무 시 최고의 학부를 꿈꿨다. 이는 연희전문학교(오늘의 연세대학교)

의 틀을 다지는 계기가 되었다. 그렇지만 그 과정은 순탄하지 못하였다. 반대자들의 득달에 시달리는 가운데, 조선 총독부는 조선에서 교육하려면 일체 일본어로만 가르쳐야 한다는 으름장을 놓았기 때문이다. 언더우드는 그에 대한 대비로 일본어를 배우러 일본으로 건너갔다. 그러나 병세 악화로 일정을 채울 수가 없었다. 그는 치료차 안착한 미국에서 하나님의 부름을 받았다. 향년 58세의 나이었다.

백장 박성춘

1893년, 이역만리 조선 땅에 정착한 사명 선교사들의 수가 날로 늘어나자 장로교 소속 선교사들이 모임을 가졌다. 그들은 '선교사 공의회'를 발족하는 자리에서 몇 가지 선교정책 안건 중 하나인 "모든 문서사업은 한자의 구속을 벗어난 순 한글을 사용한다."라는 결의안을 채택했다. 이날의 또 하나의 경사는 장로교 소속인 새문안교회에 이어 두 번째 교회가 설립된 날이라는 것이었다. 바로 무어가 설립한 '곤당골교회'가 그 교회였다. 이 교회는 훗날 승동교회로 발전했다.

태생이 천민이면서 글조차 모른다면 그는 미개한 상태에서 영영 벗어날 수 없다. 백장 또는 백정(白丁)은 소나 돼지 등의 가축들을 도살하는 최하층 군상들이다. 그들에게는 나라 소속인 민적의 입적이 금지되었던 것은 물론이고, 인권마저도 박탈된 막장의 인생들이었다.

천인은 양반·중인·상인·천인의 계급 중 가장 밑바닥 인생이다. 천인은 공천인(公賤人)과 사천인(私賤人)의 두 부류로 나뉘는데 공천인은 양반들의 시중을 드는 기생·나인·노비·역졸 등을 말하고, 사천인은 사가(私家)의 노비·중·창기·매복자(돈 받고 점을 쳐주는 점쟁이)를 말한다. 천인 중에 인간 대우를 더욱 받을 수 없는 칠천역(七賤役) 부류는 기생·무당·광대·포졸·갖바치(가죽신 만드는 업), 고리장·백장 등이다. 범위를 보다 확대한다면 오늘날의 오페라가수·연출가·배우·여류화가, 이 밖에도 예술가 및 스님과 사촌격인 무당 같은 계열의 종교인도 칠천역에 들 수 있다.

1423년 세종 때 무자리들을 일반 백성으로 대우해 주고자 하는 정책이 세워졌다. 농토를 주어 농사를 짓게 하거나, 군대편입은 물론이고, 일반평민과의 통혼 허락 등이 그것이었다. 그러나 예나 현재나 굳게 다져진 습관은 하루아침에 고쳐지는 것이 아니다. 고정관념을 떨쳐버리지 못한 백성들의 무관심으로 인해 세종의 위민정책(爲民政策)은 실효를 거둘 수 없었다.

박성춘이라는 인물이 있었다. 나라의 백성이면서도 이름 석자가 등록된 민적이 없어 사실상 국적 없는 무 백성이나 다를 바 없는 처지였다. 운이 나빠 갑작스럽게 마주친 불한당의 주먹질에 맞아 죽더라도 신원 불명자라 처리가 안 되어 짐승의 끼니로 버려질 그런 백장이었다.

그렇지만 관자골(오늘날 종로3가 관철동과 종로5가에서 6가 사이) 출신인 그에게도 친아들이 있었다. 그는 못 배워서 끌려간 강제노동에서 진종일 일해도 금전 한 닢 손에 쥐지 못하는 빌빌 기는 자신의 삶을 대물림하지 않으려고 아들에게만은 청운의 꿈을 꼭 심어 주고 싶었다. 수소문 끝에 천주교 학당이 있음을 알게 되었다. 그렇지만 돈을 받는다는 소문이 그의 의욕을 꺾어 놓았다. 그러던 차에 곤당골에 개신교 선교사들이 학당을 세웠다는 소식을 듣게 된다. 그는 곧바로 아들의 이름인 박서양으로 등록을 마쳤다.

1894년 어느 날, 무명인은 심한 열로 앓아눕게 되었다. 유행성 장티푸스에 걸린 것이었다. 열은 열로 친다고, 그는 방을 더욱더 뜨겁게 데워 몸의 땀샘을 다 열어 이불을 적셨다. 무당을 데려다 굿도 벌였다. 그렇지만 차도가 생길 기미는 보이지 않았다. 그 무렵에 아들이 말쑥한 외모로 미뤄볼 때 신분이 높아 보이는 파란 눈빛의 서양인 한 명을 데리고 왔다. 국왕의 시의인 애비슨이었다.

열병에서 해방되어 일어난 무명인은 낮고 낮은 구질구질한 삶의 악취가 밴 백장을 한 생명으로 여기고 살려준 은혜에 감격하여 몸 둘 바를 몰라 했다. 그는 그 보답으로 예수를 영접하고 곤당골 담임 목사인 무어로부터 세례를 받았다. 또한, 그는 동시에 요나의 아들 시몬이 예수의 제자가 되면서 베드로(반석)의 이름을 부여받은 것처럼 박성춘이라는 이름을 얻었다.

교인 박성춘을 거울삼아 백장의 기원부터 파헤쳐 인간 이하의 인생을 살아가는 백장의 실상을 공개한 사람이 무어이다. 무어는 이와 병행하여 박성춘이 들려주는 이야기를 귀담아들었다. 그 바탕에서 무어는 500년간 갖은 고초를 겪으며 질경이처럼 밝혀서 살아온 백장의 실상을 문장으로 정리하여 박성춘에게 최종적으로 넘겼다.

1892년에 선교사로 내한한 즉시 우리말 공부에 열을 올린 무어는 6개월 만에 순우리말로 기도할 정도로 어학실력이 남달리 뛰어났던 하나님의 사람이었다. 작고한 1906년 12월 22일에 양화진에 안장된 기념비에 '장로회 선교사 모삼률'이라는 이름이 새겨진 무어를 후세 사람들은 링컨대통령의 노예해방에 견주어 말하고 있다.

박성춘은 백장들의 주권은 아랑곳하지 않고 담뱃대를 두들기는 한가한 특권으로 온갖 횡포를 일삼은 양반들의 학대로부터 자신들을 구해달라는 호소문을 몇 차례 정부에 올렸다. 삼척동자 아이들조차도 반말지거리로 대드는 가련한 인생들을 더 이상 방치하지 말고, 모든 걸 가진 양반들로부터 무고한 구박과 천대의 고초에서 해방시켜 달라는 내용 등이 담긴 눈물의 글월이었다.

결국, 백장들에게 누구와도 동등하다는 법률상의 혜택이 부여되었다. 즉, 백성의 한 사람으로서 민적등록이 자유로워졌을 뿐만 아니라, 다른 사람들처럼 갓, 망건, 긴 소매 옷도 마음대로 쓰거나 입을 수 있게 된 것이었다.

백장의 우두머리가 된 박성춘은 음양립(陰陽笠, 갓의 한 가지, 말총 모자)을 머리에 눌러 쓰고 장안 네거리와 동대문시장 한복판을 개선장군처럼 활개를 치며 다녔다. 그는 또한 서울과 수원까지 전도구역을 확대하고 같은 처지의 백장들에게 구원자 예수 그리스도를 소개했다. 수백 명이 예수를 영접했다.

1898년 8월 28일, 독립협회 총회가 있었다. 독립운동이 민중투쟁으로 전개되면서 새 회장에 윤치호, 부회장에 이상재를 각각 선출했다. 다음 날인 29일에는 독립협회 간부들과 정부 고관 및 각 단체의 대표들이 모인 가운데 종로에서 대규모 관민공동회, 즉 민중대회가 열렸다. 수천여 명이 운집했다. 이때 박성춘이 국정개혁을 촉구하는 이른바 '헌의육조(獻議條六)' 개막 연설을 하였다.

한편 박성춘의 아들 박서양은 곤당골교회 예수학당을 나온 후 1898년 당시 일류 학교인 경서학당을 거쳐 제중원 의학교, 즉 오늘의 연세대학교 의과대학에 입학 및 졸업하여 한국 최초의 외과의가 되었다.

그는 오성·휘문, 황성기독교청년회 등 신교육 기관에서 화학과 생물학을 가르쳤다. 그렇지만 그의 몸속에서 흐르는 백장의 피는 몰지각한 사람들의 조롱거리가 되었다. 그는 과학의 피는 보지 않고 험담의 구실만을 파고드는 사람들이 죽도록 미웠다. 또한, 1910년 한일합병 뒤에는 강화된 일제의 학정 압박에 심기가 짓눌러지기도 하였다. 그는 머리가 터질 것 같은 압박을 견딜 수가 없었다. 결국 1914년에 고국을 등지고 멀리 북간도로 건너가 병원과 숭신학교를 세웠다.

곤당골교회의 교인 수는 20명으로 불어났다. 그런데 말썽이 생겼다. 일반교인들이 백장들과는 한 제단에서 예배를 드릴 수 없다는 불만을 토로한 것이었다. 담임목사인 무어는 적극적으로 말렸다. 약 한 달 뒤 한 사람이 무어목사와 무릎을 맞대었다. 전 교인은 자기들이 앞자리에 앉고 백장들은 뒷좌석에 앉는다는 조건이 받아들여진다면 다시 교회에 나오겠다는 말을 남겼다. 무어는 그 제안을 거부했다. 차별을 요구했던 사람들은 따로 홍문동교회를 세웠다.

곤당골교회는 날로 부흥하여 교인이 40명으로 불어났다. 이 무렵에 백장들과는 함께 예배를 드릴 수 없다면서 떠났던 홍문동교회 교인들이 과거의 무례를 사죄하며 돌아왔다. 그때로부터 4년 뒤에는 교인 수가 108명에 달했다. 그 중 백장 출신의 성도는 30명이었다. 박성춘은 입교한 지 11년 만에 초대장로로 공인받았다.

백장들의 사회적인 지위를 높여준 것은 물론이고, 하나님 앞에서는 신분의 고하를 막론하고 누구나 평등하다는 신앙관을 몸소 보여준 무어는 멀리 황해도까지 전도구역을 확장했다. 천주교와 불신자들의 박해를 무릅쓰고 3년 동안 25개의 예배처소를 세웠다. 그 전도에 힘입어 850여 명의 성도가 예수를 영접했다. 평양장로교신학교 교수이기도 했던 무어는 인사동에 자리 잡은 승동교회만을 섬겼다.

조선을 사랑한 영국 언론인

1904년, 한반도와 만주지역의 지배권을 둘러싸고 전운이 감돌았다. 2월 8일 일본함대가 중국 랴오닝성 뤼순항을 기습 공격했다. 러일전쟁(1904~1905년)의 신호탄이었다.

영국은 보도거리가 무궁무진한 전쟁 발 뉴스를 놓칠 수가 없었다. 「로이터」를 비롯한 주요 매체들도 러일전쟁 취재차 한국으로 특파원을 파송했다. 영국총리를 역임한 윈스턴 처칠도 종군기자 신분으로 포화 한복판에 뛰어들었다.

「데일리 크로니클」은 런던에서 특파원 파견에 한 달 가까운 시간이 걸린다는 장벽에 부딪혔다. 더구나 일본과 러시아 사정에 밝은 기자를 찾기도 쉽지 않았다. 현장감 있는 기사를 수시로 보도하려면 경험 있는 기자의 발탁은 필수였다. 결국 「데일리 크로니클」은 일본에 있던 제임스 코웬을 임시 통신원으로 임명하고 곧바로 조선에 보냈다. 3월 10일에는 브리스틀 지역 최고의 사립 고등학교를 나온 토머스 베델(1872~1909년, 한국명 배설)도 조선으로 파견했다. 당시 영국에서는 고등학교만 졸업해도 기자직을 얻는 것이 가능했다.

그때까지 일본 고베에서 안정된 생활을 누렸던 베델 앞에 언론인이라는 새로운 길이 열린 것이었다. 일본은 러일전쟁에 관한 기사가 전 세계로 퍼지는 것을 달가워하지 않았다. 당연히 외신기자들의 종군허용도 부정적이었다. 베델은 일본어가 서툴러서 4월 초순까지 도쿄에 발이 묶인 외신들과 달리 별 제약 없이 이들보다 한 달 먼저 조선에 입국할 수 있었다.

친일 성향의 「데일리 크로니클」의 현지 통신원으로 활약하던 베델은 36일 만에 특종을 발굴했다. 고종이 머물던 경운궁(현 덕수궁)에서 발생한 4월 14일 저녁의 의문의 화재사건을 추적해서 일본군이 방화를 저질렀을 가능성이 크다는 내용의 기사를 4월 16일에 전송한 것이었다. 베델은 이를 바탕으로 "경운궁 화재는 정치상황에 불만이 많은 방화범의 소행으로 보인다."라는 추측성 글을 썼다. 이 기사 때문에 베델과 코웬은 해고 통보를 받게 된다.

한 언론사(「서울신문」)가 영국 출신의 역사 연구가 에이드리언 코웰(62세 싱가포르 거주)을 취재한 보도에 따르면, 이외에도 베델의 기사 한 건이 더 있다고 한다. 4월 1일 자 기사 내용인데, '석전(두 편으로 나뉘어 돌팔매질로 승부를 겨루던 놀이)'과 축구를 비교하는 기사를 썼다는 것이다.

특종 기사로 인해 회사를 떠나게 된 베델은 조선에 남아 신문사 창간에 박차를 가하였다. 단 3개월 만에 「대한매일신보」와 「코리아 데일리뉴스(KDN)」를 연이어 발간했다. 그의 나이 32세였다. 20년 가까이 무역업에 종사했던 그가 동북아시아 지역에 영어신문의 유행에 맞춘 발 빠른 정보혁명을 불러일으킨 것이었다.

당시 조선은 일본이나 중국과 달리 영어신문 발간은 한 부도 없었다. 서재필이 서울에서 1896년에 한글판 「독립신문」과 영문판 「인디펜던트」라는 신문을 창간했지만, 경영난으로 1899년 12월에 폐간했다. 미국인 호머 허버트(1863~1949년)가 월간지로 발행하던 「코리아 리뷰」가 유일한 영어 간행물이었다.

베델이 서둘러 두 신문을 창간하게 된 배후가 궁금하다. 일본은 러일전쟁을 계기로 한반도를 병합하려는 야욕을 본격화했다. 대장성(현 재무성) 관리를 지낸 나가모라 도키치로는 자국인들을 앞세워 "전국 황무지의 개간 권을 50년간 자신에게 위임하라."라고 조선에 요구했다. 이는 조선 황무지의 개간·정리·척식(개척) 등 모든 권리를 넘기라는 것으로 이른바 '나가모라 프로젝트'였다. 사실상 조선침략의 사전정지 작업인 셈이었다.

베델은 일본의 이러한 음모행각에 주목하고 그 부당성을 영문판 「코리아 데일리뉴스(KDN)」지면에 실었다. 일본은 계몽운동으로 조선인들의 저항이 거세지자 결국 개간 권 요구를 철회하기에 이르렀다. 이뿐만 아니라 베델은 조선의 외교권을 박탈하는 을사늑약에도 적극적으로 반대했다. 베델은 한 발 더 나아가 헤이그 특사파견도 집요하게 취재하며 일본의 입장을 곤욕에 빠트렸다.

1909년 5월 1일 37세로 눈을 감은 베델은 서울 한강변 양화진 묘역에 잠들어 있다.

옥타비아 힐

옥타비아 힐(Octavia Hill, 1838~1912년)은 대체 누구일까? 필자는 그녀가 영국 간호사 나이팅게일(1820~1910년)과 동시대를 살았던 여성임을 이 글을 쓰게 되면서 처음으로 알게 되었다. 옥타비아 힐은 부잣집 딸로 영국 케임브리지의 위스베치에서 태어났으나, 어렸을 때 전직 은행가였던 아버지의 갑작스러운 옥수수사업 실패로 인해 집이 망하여 런던 외곽에서 비운의 시기를 보낸다. 아버지 제임스 힐 씨는 유토피아 사상가인 오웬을 추종했던 개혁적인 인물로서 오웬의 사상을 전파하기 위한 최초의 지역 신문인 「동쪽의 별(the Star in the East)」을 발간하기도 했다. 그는 또한 옥타비아의 어머니인 카롤린(Caroline)을 위해 유아학교를 설립하기도 했다. 아내 카롤린은 페스탈로치(Pestalozzi) 교육법을 최초로 도입한 영국여성으로 알려져 있다.

가계가 급속히 기울어진 가운데 아버지의 간헐적인 발작 증세로 인해 런던 북쪽 핀츠리(Finchley) 빈민가 마을로 이사한 옥타비아는 어머니 카롤린의 레이디스 길드(Ladies Guild)라고 불리는 일종의 여성을 위한 '생활협동 조합'과 같은 단체를 운영했다. 그녀는 빈민 여성을 위한 교육운동을 담당했다. 또한, 당대의 인물인 사상가 존 러스킨(John Rus Kin)을 만나 그의 밑에서 필사 및 그림 그리는 일을 하기도 하였다.

1887년에는 런던의 웨스트민스터사원에서 빅토리아 여왕의 즉위 60주년 기념식이 열렸다. 이 자리에 누군가의 동반자가 아니라 개인의 이름으로 당당하게 참여한 여성은 단 세 명이었다. 근대 의학의 개가를 알렸던 플로렌스 나이팅게일, 사회운동가 조지핀 버틀러(Josephine Butler, 1827~1906년)와 온 국민의 쾌적한 삶의 꿈을 실현한 공로를 인정받은 옥타비아 힐이었다.

그 당시 영국 사회에는 산업혁명의 초기 바람이 불고 있었다. 시골에서 도시로 무작정 상경하여 공장에서 일하는 사람들의 수에 비해 주거 공급량은 턱없이 부족했다. 더구나 급조로 후다닥 지어 올린 부실한 집들이 많아 언제든지 건물 붕괴의 사고 위험을 안고 있었다.

양친은 물론이고 외조부도 박애주의의 정신으로 살았던 영향을 이어받은 20대 여성 힐은 절대적인 빈곤자들에게 더욱 나은 주거환경을 제공하리라는 계획을 세웠다. 그렇지만 막상 그녀가 부딪친 현실의 벽은 높았다. 어떤 집 주인도 더럽고 위험할 것 같은 가난한 사람들을 위해서 집을 팔지 않겠다는 결심이 확고했다. 설득 끝에 좋지 않은 최악의 집 세 채를 매입할 수 있었다. 이 배후에는 때마침 아버지로부터 유산을 받은 선생인 존 러스킨의 도움이 컸다. 존 러스킨의 조건은 매년 5%의 수익 보장이었다. 이때부터 힐에게는 문화재보호 운동 단체인 내셔널 트러스트 명함 이외에도 '도시빈민 해결사'라는 별명이 따라붙게 된다.

옥타비아 힐은 매주 임대아파트를 다니며 임대료를 받았다. 다음 달로 미루는 미적거리는 행태는 절대 용인하지 않았다. 마땅한 일거리를 주어 스스로 집수리 비용 마련과 집세를 내게 하였다. 이런 모든 움직임은 돈벌이보다 뭐가 문제인지를 톺아보면서 주거환경 개선을 위한 연구이자 조사였다. 임차인들이 어떻게 사는지 살펴보면서 옆집과 공유해야 할 부분이 무엇인지, 그들이 바라는 행복의 조건이 무엇인지를 여성의 안목으로 세분하게 헤아리는 것이었다.

세입자가 행복해지려면, 삶의 질이 높아지려면 집이 좋아야 한다. 집주인은 집세를 과도하게 올리지 않고 임차인의 형편에 맞추어 적절한 이윤만을 챙겼다. 또 하나의 철칙은 관리인 모두를 여성으로만 채웠다는 점이다. 옥타비아 힐은 이뿐만 아니라 집 근처에 사람들이 편히 쉴 수 있는 녹지공원과 정자를 조성했으며, 한편으로는 난개발을 반대했다.

1895년, 로버트 헌터(Robert Hunter, 1844~1913년), 하드윅 론슬리(Harwicke Rawnsley, 1851~1920년)과 함께 삼인방이 손을 잡고 세틀먼트 운동(Settlement Movement)의 시발점이 되었다. 즉, '그린벨트'라는 용어를 탄생시킨 것이다.

"옆집하고 계단을 같이 쓰려면 청소를 해야지."라는 친구 같은 말들로 안면을 익힌 지 18년 후에는 임차 가구 수가 3,000여 명으로 늘었다. 게으르고 술만 마셨다 하면 싸움판이나 벌이던 최악의 빈민굴에서, 이제는 자립심과 자존감이 높아진 사람들을 통해 삶의 웃음꽃이 살아났다.

옥타비아 힐은 국가에서 보조금을 건 주택분양 방식을 반대했다.

아침맞이

어학은 그 자체로 독립된 학문이지만, 그 힘은 문학의 기틀이 된다. 그 범류에 속해있는 철학은 사고를 분석적으로 일깨우는 명리(冥利) 사이의 관련성을 엮으며 구축해낸다.

잠결이 아직 남아있는 아침 시간은 가장 인간적인 시간이다. 일과에 들어가기 전이라 몸가짐이 가장 편안하면서 시선 또한 선량하게 부드럽다. 기억과 상상이 내면으로 잠복된 상태라 말도 비논리적이고 정도에 따라 옳고 그름의 판단도 아예 풀려 있어 대하기가 편하다.

시간은 항상 현재이다. 오늘도 나는 살아 있기에 여명이 동창을 붉게 물들일 태동의 하루를 맞이할 기대로 부풀어있다. 창안을 여는 첫 시각이기 때문이다. 어제보다 더 높은 도약은 아닐지라도, 목적을 향해 걷고 자는 양 발목에 왠지 힘이 차 있다.

성경도 엮어서 만들어진 여느 책들과 마찬가지로 주입 적으로 습득한 사람들에 의해서 기능적인 효과가 부각된다. 전 세계적으로 가장 많이 읽히는 애서(愛書) 성경으로 학자반열에 올라선 사람들은 널리 분포되어 있다. 그들은 오늘도 체계적인 연구로 삼위일체의 신비를 사상적으로 밝혀내고 있다. 성경을 높이

들고 일선에서 뛰는 사람들은 그 은혜에 북받쳐 머릿속의 이론이 아니라 실질적인 소명감을 나타내고 있다. 도서관학을 개척한 미국의 멜빌 듀이(Melvil Dewey, 1851년~). 그는 듀이 십진분류법(Dewey Decimal Classiftcation, 약칭 DDC)을 창안해 낸 국제적인 인물이다. 그 배경에는 독실한 신앙(침례교)의 힘이 있었다. 그렇지만 그는 유대인들이라면 철저하게 배척했을 정도로 인종차별이 극심했던 인물이기도 하다. "도서관은 문화적 산물인 도서를 현존하는 개인의 의식으로 전달하기 위한 사회적 기구이다."라는 논리를 자신의 저서인 『도서관학 개론』에서 주창한 피어스 버틀러(Pierce Butler) 역시 기독교 성직자로서 문헌정보학을 확대한 큰 인물이다.

개혁자들은 실패와 반목으로 자신만의 지경을 넓혀 나간다. 문제 고찰에 따른 끊임없는 상상력이 부양을 띄운다. 천재를 만든다. 다른 사람이 보지 못하는 것을 보는 눈이 곧 독창적인 창의성의 시발점이다. 인류는 이런 사람들이 각고의 노력으로 세운 각 분야에서 편의의 혜택을 다복하게 누리고 있다.

진주는 들고만 있어도 기분을 즐겁게 한다. 성경이 그렇다. 그러나 성경은 "내 입에서는 꿀 같이 다나 먹은 후에 내 배에서는 쓰게 되리라(계10:10)."라는 이중적인 성향을 말하고 있다. 새로워진 눈길로 성경 장수를 넘기며 구원의 확신을 다지기는 하나 실상의 걸음걸이는 그리 쉽지 않다는 것이다. "마음은 원이로되 육신이 약하여(마26:41)" 꾀가 난다는 그 형틀을 깨고 성공의 반열에 선 다의적인 사람들은 "주의 말씀을 조용히 읊조리려고 내가 새벽녘에 눈을 떴나이다(시119:148)."라는 구절을 몸소 실천한 결과라고 믿는다.

성경은 하늘 보좌에 앉아 계시는 하나님의 현존을 이 땅 믿음의 사람들에게 소개하는 구원의 은서(恩書)이다. 시대별로 성령의 감동을 입은 사람들의 저술을 바탕으로 기록되었기에 일면 인문학적인 요소가 내포된 것 또한 사실이다. 무거우면서도 단순하게 볼 수 없는 이유이다.

공들인 만큼 편재의 혜택을 입는다. 성경의 사회성은 선을 행함이다(약2:14). 선은 어떻게 우리 삶에 적용하느냐의 문제도 중요하지만, 그보다 높은 차원에서는 하나님의 창조 목적에 부합되는 일이 무엇인가에 관한 고민이다(고후7:10). 사회에 죄가 없는 사람은 떳떳하여 계몽 또는 이편과 저편을 중재하는 그 목청에 신뢰의 힘이 실려 있다. 또한, 개인적으로는 양심의 자유가 있다. 주의할 점은 그 자유로 믿음이 약한 자의 발이 걸려 넘어지게 하지 말아야 한다는 것이다(고전8:9).

교회의 사회적인 기능과 역할은 맛을 내는 소금이다(마5:13). 또한, 어둠을 밝히는 빛이다(마5:14). 이 두 받침은 바른 신앙과 바른 인성에서 나온다.

제3부

흔들며, 깨우며

"영혼이 외로우니 주님의 말씀을 들으며 위로받고 싶다. 그저 흘려듣는 건성이 아니라 잠들어 있는 나의 영혼을 깨우고 싶다. 한밤중에 깨어도 처음 내뱉는 말이 성경 구절이기를 원한다. 영혼의 평안이기 때문이다."

신앙의 본질

눈물의 선지자 예레미야는 속이 편치 않았다. 그 이유는 올곧게 종교 개혁을 선도하여 존경해마지 않던 유다 왕 요시야의 아들 살룸이 불의로 집을 세우고 불공평으로 다락방을 지으면서 고용한 이웃의 품삯을 주지 않는 행태에 대한 불만이었다(렘22:13). 그는 왕에게 그 기분을 그대로 말로 쏟아냈다. "네가 남보다 백향목을 더 많이 써서 집짓기를 경쟁한다 해서 네가 더 좋은 왕이 될 수 있겠느냐(렘22:15)?"라는 책망에 이어 "그(선왕 요시야)는 가난한 자와 궁핍한 자를 변호하고 형통하였다(렘22:16)."라며 예를 강조했다.

지위가 높아 영향력이 한없이 넓은 사람은 마땅히 섬김을 받아야 한다. 그러나 그 권력으로 인명을 괴롭힌다면 그 명예는 길 수가 없다. 하나님을 두려워하는 자는 뭇 사람들에 어떠한 해도 끼치지 않는다. 하나님께서 내리실 벌을 알고 있기 때문이다.

신앙의 본질은 아랫사람의 형편을 사랑과 관심으로 잘 살펴서 돕는 것이다. 예수는 "인자는 섬김을 받으러 온 것이 아니라 섬기러 왔다(막10:45)."라는 말씀으로 인류 보편의 사랑을 강조하셨다.

부림절

동안거(冬安居)에 든 겨울나무는 나목 상태로 들판을 지켜보고 있다. 휑하니 빈 하늘의 구름 빛을 쬐며 얹힌 눈보라를 털어내고 있다. 뿌리가 묻혀있는 대지는 꽁꽁 언 채로 피어나는 냉기의 얼음장이다. 세찬 바람이 빈 가지를 벌벌 떨게 하여 잠시의 졸음도 용인하질 않는다.

하초부터 끌어올리는 인고로 상초의 매서운 신음을 삼키며 외로운 고독의 마음을 숙련으로 달래고 있다. 지난 한 해 푸른 잎사귀의 화려했던 호화로움을 잊으려고 온 가지를 흔들며 쫓아내고 있다. 바깥 사물에만 초점을 맞추고 있으면 제 자리에서 떠나있는 것과 진배없는 속살마저 부끄럼 없이 훤하게 드러내놓고 있다.

시간을 역행하여 사는 생물 없듯이 모든 현상은 예정된 순환의 수순에 따른다. 죽은 듯이 납작 엎드린 영하권의 추위에 절로 몸이 움츠러드는 겨울은 운신의 폭을 좁히는 계절이다. 바깥 나들이가 쉽지 않아 건강 유지의 기본인 운동을 미루거나 게으름을 피우게 한다. 감옥이 따로 없다. 갇혀 지내는 것이 곧 감옥이다. 그러나 그 시간도 삶의 연장이므로 어김없이 육신의 나이를 먹게 한다. 자신을 돌아보게 하는 성찰의 기회이다.

예수께서는 "누구든지 크고자 하는 자는 너희를 섬기는 자가 되고, 너희 중에 으뜸이 되고자 하는 자는 너희의 종이 되어야 하리라(마20:26~27)."라고 말씀하셨다. 겨울철은 이 말씀에 딱 맞게 자신을 섬기며 배우는 계절이다. 자신에 대한 섬김은 자신의 종에서 비롯된다. 종의 위치는 주인의 명을 받드는 것이다. 또한, 영혼을 슬기롭게 닦는 기원이기도 하다. 한 목적의 일념이 밝을수록 헛된 관념이 사라지고 마음가짐의 중심인 정신을 가다듬는 수양이 생존의 척도임을 깨닫게 된다.

겨울나무에게는 자유의지가 주어져 있지 않다. 마음대로 속 깊이까지 파고드는 모진 추위를 좌우로도 피할 수 없이 홀로 서서 한복판에서 생명이 다하는 그 날까지 참고 견뎌내야 할 뿐만 아니라, 몸을 굽혀 시린 발을 매만져 녹일 수도, 몸속에 스며들어 과동(過冬)을 보내는 해충도 스스로 내쫓지 못하고 고이 품고 있어야 한다. 정해진 숙명이다. 시간의 연결로 봄꽃에 이어 주렁주렁 무성한 가을 열매가지가 담장을 넘을 것을 기다리면서 말이다(창49:22하).

바벨론의 왕인 느부갓네살 재위 시에 예루살렘에서 유다 여고나야 왕의 일가족들과 포로로 잡혀 온 부모 세대들의 자녀들에게 암흑이 드리워졌다. 바빌로니아 아하수에로 왕 다음으로 지위가 높은 하만(아말렉 족속의 후예)에게 대궐문의 신하들과는 아주 딴판으로 유대인 모르드개[바빌로니아식 이름 마르둑, 신화 속의 주신(主神)]가 왕의 명령인 무릎을 꿇고 하는 절은 절대 하지 않고 적대감이 실린 눈빛으로 노려보기만 하자 그 괘씸 죄목으로 당초 그 개인에게만 한정 지었던 범위를 크게 뛰어넘는 전 유대인을 대상으로 한 도륙 음모의 밑그림이 그려지기 시작했기 때문이었다. 일전에 왕후의 관 정제 명령은 곧 잔치 자리에 나온 사람들 앞에 알몸으로 나오라는 뜻임을 간파하고 그 명을 듣지 않고 버틴 와스디의 왕후 폐위에 적극적으로 가담했던 므무간의 아들 하만은 조급해졌다. 그는 다음날 왕에게 전 유대인들을 한꺼번에 몰살할 수 있는 계획안을 상고했다. 왕은 하만으로부터 은 10,000달란트(은375t에 해당하는 무게)를 받기로 하고 손가락의 반지를 빼서 맡겼다. 하만이 작정한 왕의 조서와 명은 각 민족의 언어별로 번역되어 전 지역에 내려졌다.

모르드개는 각 지방의 모든 유대인처럼 옷을 찢고 굵은 베옷을 입고 재를 뒤집어쓴 채로 대성통곡했다. 삼촌 하닷사, 곧 조카딸인 에스더[본명 하다사(Hadassah). 순교자라는 뜻. 왕후로 간택되기 이전에 모르드개가 조카딸의 성스러움을 보호하는 차원에서 4년 동안 한 동굴에 가둬뒀다는 설이 한 전통 주석에서 주장되고 있다고 한다)] 왕후의 시녀와 내시 등이 극구 베옷을 벗기려 하였으나 그들은 모르드개의 고집을 꺾지는 못하였다. 모르드개는 대신 그들에게 "너는 왕국에 있으니 모든 유대인 중에 홀로 목숨을 건지리라 생각하지 말라. 이때에 네가 만일 잠잠하여 말이 없으면 유대인은 다른 데로 말미암아 구원을 얻으려니와 너와 네 아버지 집은 멸망하리라. 네가 왕후의 자리를 얻은 것이 이때를 위함이 아닌지 누가 알겠느냐(에4:14~15)."라는 말을 전달하게 했다. 이 답변을 전해들은 에스더는 "죽으면 죽으리이다(에4:16하)." 결심의 실천으로 삼일 말미의 금식에 들어갔다.

영성이 드높아진 에스더는 사기가 충전해졌다. 예복을 입은 왕후는 전통의 관례를 깨고 왕좌에서 쉽사리 볼 수 있는 뜰에서 서성거렸다. 왕후의 더할 나위 없는 아름다운 황홀한 모습에 넋을 빼앗긴 왕은 금규를 내밀어 왕후를 가까이 불렀다. 귀가 얇고 분위기에 쉽사리 휩싸이는 변덕스러운 왕은 금규를 잡은 왕후에게 도취에 젖은 기분대로 소원과 요구를 묻고 나라의 절반이라도 주겠다는 말을 주저 없이 성급하게 발설했다. 에스더는 오늘은 왕을 위한 잔치를 베풀었으니 좋게 여기시거든 하만과 함께 참석해 달라는 청을 올렸다. 왕비의 아리따운 얼굴을 곧 다시 보게 되었다는 기쁨에 한껏 들뜬 왕은 에스더가 베푼 잔치 자리에 착석했다. 에스더는 왕의 반복된 질문에 소청 답변을 드리겠으니 내일 다시 자리를 빛내 달라는 청을 올렸다.

이틀 연속 왕후의 잔치 초대를 받아 둔 하만은 자신을 존귀하게 대접하는 대우에 어깨가 으쓱했다. 그러나 한편으로는 대궐 문의 모르드개를 볼 때마다 이 만족감이 이내 흐려짐을 체험했다. 그는 아내 세레스와 친구들의 말대로 오십 규빗 높이의 나무를 미리 세워 두었다.

그날 밤, 왕은 잠이 오지 않아 역대 일기를 가져다 읽게 되었다. 그는 한 기록 내용에서 문을 지키던 두 내시 빅다나와 데레스가 아하수에로왕을 암살하려는 음모를 모르드개가 고발하였다는 것을 알게 되었다. 왕은 누군가를 불렀다. 뜰에는 하만이 있었다. 왕의 여차여차 묻는 말을 듣는 하만은 '그 주인공이 자신 외에 누구겠는가?'라는 착각에 잠겼다. 하만은 네 말대로 조금도 빠트리지 말라는 왕의 명에 따라 왕복을 입고 왕의 말을 탄 모르드개를 성 중의 거리로 모시고 다녔다.

하만이 당한 굴욕은 아내 세레스의 지혜로운 예언처럼 이길 수 없이 분명히 그 앞에 엎드려질 거라는 징조였다. 억울함에 분통이 터질 지경인데, 왕의 명령이 급하게 내려왔다. 왕후가 베푼 잔치는 성대했다. 왕은 어제 못 들은 제안의 답변을 재차 물었다. 에스더의 입에서 "죽임과 도륙함과 진멸의 위협에 몰린 내 민족을 내게 주소서."라는 소청의 답변이 흘러나왔다. 왕이 그 음모를 심중에 담고 있는 그자가 누구인지를 캐물었다. 에스더는 하만을 지목했다. 노기가 극심해진 왕은 후원으로 물러갔다. 이때를 맞추어 하만이 걸상에 앉아있는 에스더에게 엎드려 용서를 구했다. 왕이 다시 모습을 드러내면서 그 장면을 목격했다. 왕의 화기에 기름불길이 더해졌다. 왕의 입에서 "강간까지

하려느냐?" 목청이 위엄차게 울려 퍼졌다. 무리가 하만의 얼굴을 감쌌다. 왕의 명령에 하만은 모르드개를 매달기 위해 세운 나무에 자신이 매달리는 형벌에 직면하게 되었다. 이뿐 아니라 하만에게서 몰수한 반지는 모르드개의 손가락에 끼워졌고, 에스더는 모르드개에게 하만의 집 관리를 맡겼다.

에스더는 하만이 꾸며 각 지방에 내려 보냈던 조서의 철회를 호소했다. 즉각 온 나라가 대대적으로 움직이면서 유대인들의 살육이 멈춰졌다. 대신 유대인들을 대적하며 미워했던 자들이 도륙에 내몰리게 되었다. 하만의 열 아들도 죽임을 당했다.

모르드개는 푸르고 흰 조복에 큰 금관을 머리에 쓰고 왕 앞에 섰다. 하만의 자리였던 총리직에 임명을 받은 것이었다. 모르드개는 유대의 대승리 기념일의 이름을 부림이라 정했다.

예수의 기적

성경에 바탕을 둔 묵상은 하나님의 말씀에 주목한 성결(성전)이다. 주님의 은혜가 아니면 나의 삶은 한낱 여러 가지 욕심에 끌려가는(딤후3:6) 유약한 육신에 불과하다는 점을 깨닫게 된다. 더불어 삶의 소망을 주님께 두었을 때 비로소 죄악의 매임에서 풀린 구속당한 몸의 가치가 영성으로 샘솟는 것을 알게 된다. 하나님 임재의 힘이다. 또한, 한 믿음 더 들어가서 하나님의 본질적 속성과 성품을 이해하게 된다. 가장 큰 축복은 예수를 믿고 세상에 속하지 않은 새사람이 되었다는 강건함이다.

갈릴리 호숫가로 몰려든 사람들은 대부분 삶의 희락을 잃은 나약한 병인들이었다. 예수는 발 앞에 앉은 각인들을 긍휼히 보시며 생기(겔37:5)를 불어넣어 주셨다. 말하지 못했던 사람의 말문을 열게 하셨으며, 방금 전까지 다른 사람의 부축이 아니면 일어서지도 못했던 다리 저는 자로 하여금 하늘을 향해 두 팔을 높이 들고 펄떡펄떡 뛰는 감격의 춤을 추게 하시고 온 무리와 함께 지켜보셨다.

광야는 메마른 지대이다. 그 척박한 환경에서 무리는 사흘을 지냈다. 모두 기진맥진하고 지쳐 있었다. 예수께서 제자들에게

"떡이 몇 개나 있느냐?" 물으셨다. 사천여 명의 무리에게는 모자라도 한참 모자라는 떡 일곱 개와 작은 생선 두 마리가 있을 뿐이라는 답변이 돌아왔다. 예수는 받아든 그 음식물을 하늘 높이 쳐들어 축사를 하셨다.

음식물은 육신의 기력을 일으켜 세운다. 모두 배불리 먹고 남은 음식물은 일곱 광주리였다. 무한성, 영원성, 불변성의 신격을 나타내신 기적이었다.

사람들의 생김새는 저마다 다르나 결론은 다양한 형태의 힘을 가지신 하나님의 능력만이 심령들을 회복시킬 수 있다는 진실이다.

그물을 오른편에 던져라

우리는 평화롭게 잘나가는 사람을 볼 때마다 자신보다 자질이 못난 처지와 곧잘 비교한다. 옥살이에 갇히게 된 잘못 뿌린 씨앗을 자신에게서 찾지 않는 시험의 빌미가 아닐 수 없다. 참된 신앙인들은 안다. 하나님으로부터 임한 지혜가 아니면 예술은 그려지지 않는다는 사실을. 사업이 막혀 고전을 면치 못하게 된다는 사실을.

대수롭지 않게 여긴 일이 의외로 박탈감에서 헤어 나오게 하는 계기가 되는 경우가 있고, 쉽사리 해결되리라 믿었던 일이 의외로 꼬여서 그 고통으로 머리를 감싸 쥐게 될 때도 있다.

예수께서 십자가에 매달리신 후 제자들은 의기소침한 상태에서 쉽사리 헤어 나오지를 못하였다. 예수를 중심에 두고 3년여의 세월을 함께 보낸 제자들은 다시 모여 우애를 다졌다. 시몬 베드로가 물고기를 잡으러 가겠다며 먼저 자리를 떴다. 베드로는 배를 띄운 디베랴 호수 속으로 준비해 둔 그물을 던져 넣었다. 어획량이 높은 별들의 밤 때인데도 이상하게 한 마리의 물고기도 그물에 들지 않았다. 그 허탈감은 날이 새는 무렵까지 이어졌다.

호숫가에서 그 광경을 조용한 눈길로 지켜보는 누군가가 있었다. 그가 "너희에게 고기가 있느냐?" 물었다. 한 입에서 "없다."라는 대답이 돌아왔다. 그가 다시 입을 열었다. "그물을 배 오른편에 던져라(요21:6)."

물속에서 끌어 오르는 그물의 무게는 굉장했다. 혼자로서는 도무지 감당이 안 되어 낯선 누군가와 뭍에서 지켜보는 동료들에게 도움을 청했다.

죽음에서 부활하신 예수를 제일 먼저 알아본 사람은 세베대의 아들인 야고보와 형제지간이면서 성격이 격하여 '천둥의 아들'이라는 별칭이 붙은 요한이었다. 요한의 "주님이시다!"라는 큰 목소리를 들은 베드로는 벌거숭이 상체 위로 겉옷을 재빨리 둘러 입고 배에서 물속으로 풍덩 뛰어내렸다. 뭍으로 끌어올려진 그물 안의 물고기 수는 백 쉰 세 마리였다.

이 숫자(153)를 상용으로 삼아 성공을 이룬 제품이 모나미 볼펜이다.

예배의 기초

예배는 영혼을 깨운다.

한 주 내내 활력이 넘치는 사회생활을 하면서 피곤함에 절도록 시달린 상태에서 주일을 지킨다는 일정은 쉽지 않은 현실이다. 먼 여행에 나섰다가 본 교회의 주일시간에 맞추기 위해 한달음에 달려오는 것도 여간 힘든 일이 아니다. 무엇보다 "좀 더 자자(잠24:33)."라고 속삭이는 무거운 심신의 피로가 일어나지 못하도록 나를 짓누른다. 그런데도 "주는 나의 생명의 구원자!"라는 신앙고백을 앞세워 교회로 향하는 발걸음 수는 헤아릴 수 없이 많다. 성도들의 주일예배의 향기로 나라의 기반이 굳건해지고, 그 뿌리인 교회가 육성되며 무럭무럭 성장한다는 것은 진정한 하나님의 역사가 아닐 수 없다.

우리는 육신을 입은 피조물이다. 그러나 영혼의 정신을 가진 영적 성도이다. 예배인은 한 주 간 갈고 닦은 선한 성품의 자세로 임해야 한다. 그 이유는 속성이 거룩하신 하나님을 더욱 깊게 이해하려면 말씀의 씨를 받을 수 있는 마음 밭이 옥토로 준비되어 있어야 하기 때문이다. 익숙함에 젖은 인간성으로는 하나님을 기쁘시게 할 수 없다.

육안으로는 성령의 속성을 헤아릴 수 없다. 변화의 능력을 체험하지 못했으니, 눈에 보이는 표적과 기사를 기대하다가 진동과 뜨거움이 없자 자리를 뜨고 만다. 참 그리스도인이 아닌 증명이다.

믿음은 들음에서 자란다(롬10:17). 천국은 침노하는 자의 몫이다(마11:12).

남몰래 각고를 다져두지 않으면 뜻 둔 경지에 오르지 못한다. 예배의 기초는 하나님 섬김이다. 하나님께 드리는 예배의 핵심 목적은 구원의 은혜를 입은 감사이다(시16:3).

부활의 아침

일어난 사건에 관해 들었다는 귀와 몸소 체험한 언어는 일치할 수 없다. 예수께서 돌무덤을 깨고 부활하신 후 제자들에게 모습을 보이신 자리에 도마는 없었다. 예수를 두 눈으로 똑똑히 보며 대화를 나눴다는 제자들의 자랑에 도마는 대뜸 "내가 그의 손의 못 자국을 보며 내 손가락을 그 못 자국에 넣으며 내 손을 옆구리에 넣어 보지 않고는 믿지 않겠노라(요20:25)." 의심을 여과 없이 드러냈다.

의심은 그 증거를 보이면 해소되나(요20:27), 불평불만은 종속에서 벗어나고 싶다는 의사 표시이다. 하나님을 믿는다는 것은 결론적으로 나의 평안과 행복을 바란다는 소망이다. 성경의 근원은 예수 그리스도이시다(요5:39). 성경은 사회 환경과 무관하게 고유한 권위를 지니고 있다. 교회들이 오랫동안 성서의 눈으로 세계를 숙성하며 바라봤기 때문이다.

성경이 인간 행위를 절대적으로 지배할 수 없다? 이는 달갑지 않기에 받아들일 수 없다는 개인적인 상층을 품은 대상자의 생각이다. 이 속으로 심층적으로 들어가 보면 하나님께 도전을 거는 심리가 작용하고 있음을 알게 된다. 구체적으로는 나의 임의

대로 요리할 수 있는 하나님을 원한다는 것이다. 반대로 곧 하나님의 말씀인 성경에 일신을 건 성도라면 그 내용의 삶을 창조해 내는 신앙심이 아주 공고하다.

신앙의 범주는 신령한 경건이다. 그 비밀은 오직 "말씀과 기도(딤전4:5)"에서 길러진다. 혹자는 자연 속에서 하나님의 섭리를 깨닫고, 몸에 배어 즐기는 문화적인 체질로 성경구절 해석을 달리하는 식자도 있다. 두 부류 다 하나님을 인정하며 믿는다는 공통점은 부인할 수 없으나 그 차이점은 영안 적 믿음이냐, 육안 적 이해냐이다.

"붉은 복사꽃 밤비 흠뻑 머금고/아침 안개에 휩싸여 있네."처럼 안목이 깊은 감상적인 시어는 대체 어느 양식에서 우러나오는 걸까? 감사로 여유로워진 영혼만이 쓸 수 있는 시어라고 여겨진다.

그리스도인들은 하나님의 은총을 품고 살아간다. 은총이란 인간의 힘으로는 도저히 해결할 수 없는 일들을 하나님의 사랑과 능력에 힘입어 풀어낸다는 기적의 의미를 담고 있다(요15:7). 즉, 은총은 하나님의 개입으로 인한 성취이다. 그 은총의 생명으로 성도의 삶은 보다 정당해진다.

창밖을 두드리는 빗줄기에 집안의 분위기도 묵묵하다. 청춘(青春)의 계절 사월 십사일의 맏이는 그러했다. 비의 영향이 어찌나 광범했던지, 다음 날 촉촉하게 젖은 벚나무의 모습은 그다지 생령하지 못하였다. 나들이 상춘객들이 저마다 볼거리를 잃었다는 실망감을 안고 길바닥의 꽃잎을 밟으며 돌아섰다는 신문 기사를 읽었다. 바위틈 낭떠러지의 잔설이 남은 은밀한 골짝의 한기 냉해가 나비효과로 농가에까지 그 영향을 미쳤는지, 풍성한 적추(赤秋)를 기대하며 한 해의 농사 시작에 팔을 걷어붙인 농민들의 가슴에 못질했다는 보도도 동시에 접했다.

봄꽃의 향기는 투명한 햇살이다. 만물이 다 함께 소생하는 기쁨의 노래를 부르도록 환경을 만들어내는 생명의 햇살이다. "나의 노래가 그대 춤에 흥겨운 장단이라면/내일도 모레도 메아리 목청으로 들려주리/그대 손과 나의 손 맞잡고."

성실의 힘

영혼이 외로우니 주님의 말씀을 들으며 위로받고 싶다. 그저 흘려듣는 건성이 아니라 잠들어 있는 나의 영혼을 깨우고 싶다. 한밤중에 깨어도 처음 내뱉는 말이 성경 구절이기를 원한다. 영혼의 평안이기 때문이다.

영혼에 죄를 짓는 일은 그 가르침을 잊은 것이다. 무지로는 경건한 신앙인이 될 수 없다. 정확하게 아는 지식이야말로 행동의 조건을 갖춘 것이다. 행동이 지혜를 뛰어넘는다면 그 실행의 성과는 뒤를 미는 성실의 힘 덕분이 아닐까.

사람은 완벽함에 이를 수는 없으나 성실은 믿음의 균형을 갖추게 한다.

내 눈

육체의 기능을 담당하는 부분 중의 하나인 눈은 앞길을 내다보게 한다. 걸려 넘어지게 할 그 위험한 돌부리를 사전에 피해가게 할 뿐만 아니라, 들꽃의 순수한 아름다움에 탄성을 내지르게 하는 것도 눈이 하는 역할이다.

"내 눈을 열어 주의 법의 기이한 것을 보게 하소서(시119:18)." 구절의 주인공은 과연 누구일까? "주는 그리스도시오, 살아계신 하나님의 아들이시니 이다(마16:16)." 고백으로 "이를 네게 알게 한 이는 혈육이 아니요, 하늘에 계신 내 아버지시니라(마16:17)."라는 예수의 중재말씀을 축복의 믿음으로 품은 성도인 우리다.

안정된 평강

“너희에게 평강이 있을지어다(요20:21).”의 평강에는 영적 사리를 분별하는 지혜가 있다. 지혜는 기쁨의 샘이다. 생활을 빛내는 광채이다. 학자의 총명이다. “오른손에는 장수가 있고 왼손에는 부귀가 있다(잠3:15).”

마음에 불평불만을 가득 담은 사람의 안색은 흐리다. 심전(心田)이 가시덤불로 뒤덮여 있으니 응대하는 언사가 거칠다. 자신과의 관계부터 원만하지 못하여 스스로 위태로운 불안감이 팽팽하다. 의욕 상실로 인해 괜히 트집을 잡고 성질을 부리며 제멋대로인 불순종의 태도를 강하게 드러내기도 한다. 내가 왜 이 짓거리를 해야 하나 천시를 부리기도 한다.

마지못해 억지로 하는 일은 나태이다. 희망을 키우는 지혜일 수가 없다. 생산성을 떨어트릴 뿐이다. 마음의 병(시험)부터 치료해야 안정된 평강을 유지할 수 있다.

결과의 심판

말미를 정하고 타국으로 떠나게 된 주인이 있었다. 그는 앞에 불러 앉힌 종들의 각각의 재능에 맞추어 금 다섯 달란트, 두 달란트, 한 달란트를 각각 맡겼다. 일정을 마치고 귀가한 주인은 종들에게 실적을 물었다. 다섯 달란트, 두 달란트로 장사를 하여 본전에서 배의 이득을 남겼다는 두 종의 자랑스러운 보고에 이어 한 달란트의 금액을 땅속에 감춰뒀다는 종의 보고를 각각 들었다. 그 답변을 듣고 입을 연 주인의 충성도 심판이 내려졌다. 두 종에게는 "착하고 충성된 종아, 네가 적은 일에 충성하였으매 내가 많은 것을 네게 맡기리니 네 주인의 즐거움에 참여할지어다."라는 축복을 내린 반면에, 본전 간수가 곧 주인의 뜻일 거라며 한 달란트만을 내놓은 종에게는 "악하고 게으른 종아. 심지 않는 데서 거두고 헤치지 않은 데서 모으는 줄로 네가 알았느냐."라는 벌의 책망이 떨어졌다(마25:14~30).

시험의 빌미

밭은 뿌려진 종자대로 그 식물을 낸다. 그 밭에서 다른 생산물을 얻으려는 것은 이상형에 맞지 않는 허상이다. 사탄에게 공격의 빌미를 제공해 주는 시험에 들 뿐이다. 영물인 사탄의 술책은 인간의 지능을 뛰어넘기에 성도로 하여금 죄를 짓게 하는 건 문제도 아니다. 가룟 유다처럼 생각만 넣어주면 된다.

육신은 연약하다(마26:41). 영이신 하나님께 산제사를 지내는 성도를 극구 미워하는 사탄의 수법은 병으로 갑자기 쓰러지게 한다거나 사업에 막대한 손실을 입히는 방식으로 나타난다. 하나님은 감히 이길 수 없으니 그의 눈길이 지켜보는 성도에 표준을 맞춘 전형적인 훼방이다.

사탄은 "복음에는 하나님의 의가 나타나서 믿음으로 믿음에 이르게 하나니 오직 의인은 믿음으로 말미암아 살리라(롬1:17)." 라는 구절에 맞춰 기도하는 성도를 무서워한다.

긍정의 소망

긍정은 소망을 키우고 사랑의 믿음에서 자신감이 우러나게 하며 화평은 덕목의 보금자리이다. 하나님께 속하여 전능하신 분께서 앉아 계시는 보좌를 바라보며 오늘도 이 땅의 호흡을 이어가는 성도라면 자신의 그릇된 결정으로 자신의 삶에서 낙오하는 패배로 이끌려서는 안 된다. 예수께서 부활의 승리를 보이신 것처럼 생명이 넘치는 성공적인 삶을 일궈내야 한다.

"내 아버지 집에 거할 곳이 많도다. 내가 너희를 위하여 거처를 예비하러 가노니(요14:2)."

미덕의 절제

물욕만을 좇는 사람에게서는 신성한 순결을 찾아보기 어렵다. 아무런 의미가 없는 모임 참석은 정신머리를 흐리게 한다. 시간 낭비일 뿐이다. 사소한 죄라 할지라도 생활에 미치는 영향은 있기 마련이다. 인간은 기회를 덥석 물고 싶은 욕망에 사로잡히면 앞뒤를 돌아보지 않고 덤벼드는 성향이 있다. 과도를 부리는 데서 죄가 잉태되고 그 결말은 형벌에 갇히는 것이다.

필요한 만큼만 채우는 것이 미덕의 절제이다. 절제는 멸망의 넓은 문이 아니라 생명의 좁은 문으로 들어가는 것이다(마 7:13). 좋은 나무에서 좋은 열매를 맺는 건 당연하다.

시험거리 성도

성도의 무지는 하나님을 잃은 것과 다를 바 없다. 잘난 척하며 함부로 날뛰는 성도는 참된 믿음을 가진 자가 아니다. 평안을 깨는 그 어떤 불길함을 일으키는 시험의 대상이다. 성도가 성도답지 못하다면 자녀가 비웃고, 기도가 메마른 성도는 마귀에게 놀아난다. 하나님께서 사도 바울의 몸에 가시 장치를 내린 섭리는 자만을 막는 도구였다(고후12:7).

파리는 악취 외에도 고기가 많은 곳에서도 알을 낳는다.

DLD

'해리성동일성장애(DLD=잉)'는 이중인격을 말한다. 즉, 내 안의 또 다른 내가 충동을 불러일으켜 행동하게 만든다. 이 배후에는 원래 갖고 싶어 했던 물건에 대해 더욱 안달하는 그 사람의 욕망을 악용하는 또 다른 내가 있다. 그러므로 나의 또 다른 인격이 범행을 저지르게 했을지라도 도덕적인 책임은 면할 수 없다.

인간은 별수 없는 육신을 가진 존재일 뿐이다. "내 사전에 불가능은 없다."라는 호언장담으로 유럽을 정복하려 했던 나폴레옹은 1815년의 워털루전투 패전 이후 세인트헬레나 섬에 감금된다. 프랑스에서는 국민적인 영웅이었으나 침략의 피해를 본 영국 편에서는 골치 아픈 미친 광인에 불과한 그는 마침내 유언장 작성에 이른다. 그 유언장에는 예전에 웰링턴 장군의 암살을 기도했던 범죄자에게 유산을 남긴다는 자필 내용을 담았다.

겸손해야 할 이유

남편 또는 자녀의 관심을 독차지하겠다는 아내이자 엄마인 여자는 필요할 경우 마법이나 주술의 힘을 빌리려는 욕심을 드러내곤 한다. 지나친 집착이 아닐 수 없다. 하나님보다 우위에 둔 신앙 이탈임이 명백하다.

예수를 깊이 생각(히3:1)하는 성도는 나는 누구이며 사후에 누구 앞에서 지난날들의 일을 고하게 될지를 의식하며 산다.

남녀를 불문하고 모든 인간이 겸손해야 할 이유는 한 방울의 정자에서 존재되어 하나님을 믿고 알게 되었다는 축복 때문이다.

어진 사람은 바른 의(義)를 생각하며 사사로운 이(利)를 좇지 않는다. 하나님께 기도하며 앞날의 예시를 듣는다.

문제 풀이

고난은 자신을 돌아보게 하는 도구이다(약5:13). 믿음으로 앞날의 예시를 내다보려면 무엇보다 철저한 기도의 뒷받침이 있어야 한다.

까닭 모를 칠흑어둠에 갇혀있는 듯이 답답한 심경은 인간성을 내려놓게 하는 하나님의 섭리이다. 동틀 시간이 가까 왔다는 의미로 영혼을 주님께서 맡아 주관하시길 고대해야 풀리는 문제이다.

사도 바울은 아시아 사역에 기대를 걸었으나 예수의 영이 허하지 않았다(행16:6~7).

우리가 똑똑히 기억해야 할 사실은 주님께서는 인생들의 고난을 원치 않는다는 사실이다(애3:33).

먼저 할 일

기도에서 기적이 일어난다. 하나님으로부터 준비된 사람이라 할지라도 본인이 깨닫지 못한다면 누룩으로 발효가 되지 않는다.

시절을 좇아 꽃을 피우고 지는 식물들은 저마다의 열매를 안고 있다. 그 힘을 제대로 발휘하려면 뿌리를 묻어둔 토양과 성장을 돕는 기후의 영향과 물 공급은 필수이다.

사람의 관계는 이해관계에 따라 부모·자녀·친구·연인 등으로 발전하나, 하나님의 사랑은 누구에게나 공평하다. 차별이 없다. 별 볼 일 없는 버러지(사41:14)도, 생명력이 메마른 막대기에 불과한 사람일지라도, 하나님의 관심 대상에 들면 살구 열매를 맺을 수 있다(민17:8). 하나님께서 일렬의 대열을 향해 “뒤돌아 서!”라고 명하시면 맨 꼴찌 사람이 선두에 설 수 있다는 뜻이다.

하나님의 사람이 가장 먼저 실천해야 할 일은 하나님 나라를 구하는(마6:33) 간구이다.

지름

영력(靈歷)을 한 곳으로 끌어모으는 힘은 심지가 굳은 경건한 묵상이다. 하나님과의 지고지순한 교류인 묵상은 영적 싸움의 고투이다.

부정은 매진의 힘을 떨어트린다. 소망의 응답을 바라고 무릎을 꿇었음에도 불구하고 하나님의 침묵이 여전하다면 이 구절을 의심해 봐야 한다. "사람이 귀를 기울여 율법(말씀)을 듣지 아니하면 그의 기도도 가증하니라(잠28:9)."

지식은 눈을 열게 한다. 눈이 열렸으면 사물이 보인다. 하나님을 아는 지식은 절대 부패하지 않는다. 하나님 나라에 들어가는 지름길이다.

불순종의 죄

불순종의 죄는 영광의 박탈을 불러온다. 사울의 예를 들어 보자.

사울은 하나님의 반대를 물리친 사람들의 성화로 유대 초대 왕에 등극한 인물이다. "선지자 중에 있느냐(삼상10:12)?"라는 말을 들을 정도로 영적 능력이 출중했던 그는 왕관을 쓴 이후 사무엘이 정한 기간인 이레를 길갈에서 함께 기다리던 백성들이 흩어지자 그 불안증으로 번제와 화목 제물을 갖다 놓고 직접 번제를 드렸다. 그 직후 모습을 드러낸 사무엘의 저주가 이내 내려졌다. "지금의 왕의 나라가 길지 못할 것이다(삼상13:14)."

위기에서 구원하시는 하나님

양치기 목동에서 물맷돌로 거구의 장정 골리앗을 쓰러트린 후 온 백성의 주목을 받는 유명인사가 된 다윗은 올무 전략에 맞추어 아내가 된 미갈과의 단꿈을 누리지 못하고 장인인 사울의 시기의 대상이 되고 말았다. 다윗은 사울의 살해 음모를 피하느라 들과 산을 넘나들어야만 했다. 그 와중에도 다윗은 하나님에게 의존하는 것을 강화했다. 위기 때마다 하나님의 손길이 미쳐 생명을 보장받는 기적을 수차례 체험했다. 다윗은 그 당시의 심경을 이렇게 밝혔다.

"내가 노래로 하나님의 이름을 찬송하며 감사함으로 하나님을 위대하시다 하리니(시69:30)."

하나님은 인정하고 사랑하는 성도를 단련시키신다.

모자람의 은혜

민첩하고 예지하고 재빠른 사람은 앉아서 하는 책 공부를 거북해하고, 무엇이든 빨리 잘 외우는 머리 좋은 사람은 벌써 습득했다는 양 대충으로 넘어가고, 이해가 빠른 사람은 끝까지 파고드는 인내가 부족하다.

그러나 "몰라요, 아무것도 몰라요." 하며 지식의 모자라는 면모를 그대로 드러내 보인 사람은 그 용기 있는 솔직함 때문에 사랑받는다. 천치 바보인 자신과는 아무런 관련 없이 아득히 먼 한계 밖의 일들을 듣겠다며 귀를 활짝 열었기 때문이다.

나뭇가지를 비비 꼰 새끼줄로 썬다면 당연히 새끼줄부터 닳아서 끊어진다. 차라리 우악스럽게 꺾어서 쓰는 게 낫다.

모든 사물에는 하늘의 이치가 있다. 기린의 목은 길다. 그 긴 목을 이용하여 높은 나뭇가지의 이파리도 쉽게 따 먹는다. 그로 인해 나무가 말라 죽었다며 기린의 목을 짧게 맞추는 수술에 들어간다면 기린의 수명은 거기서 끝날 수밖에 없다.

구원의 종교

기독교는 구원의 종교이다. 백 마리의 양 중 잃어버린 한 마리 양을 찾아다니는(마18:12) 세상 속 종교이다. 그러므로 교회 안의 성도들을 대하는 그 온유함 그대로 내 이웃들과도 잘 어울려 유대를 도모해야 한다. 영원하며(마25:46), 눈물과 저주가 없으며(계7:17~22:5), 영원히 죽지 않는(눅20:36) 믿음의 하늘나라 시민권자(빌3:20)는 그 찬양을 높이는 땅의 성도들의 자랑이며 의무이다.

기독교는 현실 도피의 안식처가 아니다. 인체의 생리를 끊고 오직 하늘만 바라보는 신앙은 고귀하나, 소문으로 떠도는 명성만으로 존경을 보낼 수 없는 노릇이다. 하나님의 발등상(마5:35, 나무를 상 모양으로 짜 만들어 발을 올려놓는 데 쓰이는 가구)인 이 땅에서 부활의 기쁨을 모두와 함께 나누는 사명의 수행은 그보다 더 값지다. 행동하는 믿음의 증언이기 때문이다(약4:17).

가야 할 길

"내 아버지께서 일하시니 나도 일한다(요5:17).", "오늘과 내일과 모레는 내 길을 가야 하리니…(눅13:33)."

개인의 인격은 습관에서 만들어진다. 이를 고도로 반복하는 과정은 실전에서 경험을 쌓는 것이다. 하나님과의 관계는 삶의 위축이 아니라 영육의 강건한 확장이다(요일3:2). 새로운 기운을 불어넣어 주면서 믿음의 침체를 소생으로 이끄는 생명이다. 인류 속에 보이지 않게 영으로서 임재해 계시는 하나님은 하찮은 길가의 민들레에도 기쁨을 이기지 못하시는(습3:17) 부드러운 미소를 지으신다. 자신의 창조물 중 한 종자가 가엽도록 연약하나, 아름다움은 순수성에 있다는 깊은 속뜻을 꽃을 굽어보는 사람들로 하여금 깨닫게 하시는 만족이시다.

자연은 본 모습 그대로 우리를 맞이한다. 자연은 사계절 기후가 뜨겁든, 차갑든 피하는 기교를 부리지 않고 온몸으로 모진 세월을 견딘다. 숨겨진 신비한 힘이다.

"일어나 가라. 네 믿음이 너를 구원하였느니라(눅17:19)."와 같은 순종이 그리스도를 따름이다. 구원의 덕목인 순종은 나의 이해를 버린 가난한 심령이다(마5:2). 모양만을 꾸민 숫양 기름의 제사로는 하나님을 기쁘시게 할 수 없다(삼상15:22).

기독교가 여느 종교에 비해 영적 차원이 우아한 까닭은 예수를 믿는 자는 하나님의 영광을 보게 된다(요11:40)는 증언이 역사 대대로 편만하게 뿌리내려졌기 때문이다. 다른 말로는 그리스도의 몸마다 영생이 내재해 있다는 뜻이다.

초등 사람은 곤궁에 몰리면 믿음이 약해진다. 산산이 가루가 되어 흩어진다. 인생이 불행한 자는 보는 눈이 있음에도 실상은 예수를 보지 못하는 꿈 없는 사람이다. 주관적인 부정 심에 지각이 막힌 산물이다. 사모심이 극도로 뜨거워도 주님을 알아보지 못하는 경우가 있다.

안식 후 첫날 일찍이 돌무덤을 찾은 막달라 마리아는 흰옷 입은 두 천사를 둘러보며 눈물부터 흘렸다. 뒤로 물린 몸을 돌리자 누군가가 서 있었다. 그녀는 동산지기로 보이는 그 사람에게 예수의 시신을 옮긴 장소를 물었다. 가져다 장사를 치르겠다는 열렬한 의사의 표시였다. 그에 대한 대답 대신 "여자여, 어찌하여 울며 누구를 찾느냐(요20:15)?"라고 묻는 음성에서 마리아는 부활하신 주님을 비로소 알아봤다.

믿음의 뿌리

줄기 나무의 보전은 그 뿌리에 달려 있다(롬11:18하). 뿌리가 병치레 없이 건강하면 그 나무의 가을 열매도 튼실하다.

"하나님의 은사와 부르심에는 후회하심이 없다(롬11:29)." "하나님은 자기 사람을 끝까지 사랑으로 품으신다(요13:1하)."

육신을 입은 우리는 주님의 속마음을 알지 못한다. 그러나 주님의 마음을 알 수 있는 비법이 있다. "형제를 사랑하며 서로의 우애와 먼저의 존경(롬12:10)"에서 힌트를 얻을 수 있다. 하나님께서 내리신 영적인 것을 육적인 것으로 섬김(롬15:27)은 사람이 할 일이다.

믿음 위에 선 자는 하나님께서 신원을 보장하신다. 하나님 앞에서의 바른 신앙은 믿음의 식구들부터 칭찬을 듣는 것이다(삼상2:26, 눅2:52).

육신 행위

"비록 우리가 그리스도도 육신을 따라 알았으나 이제부터는 그같이 알지 아니하노라(고후5:16)."

육신은 유한을 안은 피조물이다. 육신이 제아무리 강건할지라도 100세 인생이다. 인간은 매일 씻으며 음식을 먹지만, 제 몸을 안아 올릴 수 없는 무능한 존재다. 학식이 높다 할지라도 모르는 지식이 더 많은 좁은 머리를 가지고 있다. 모래알갱이만한 유식으로 굉장한 스승인 양 행위를 꾸미는 위선(렘2:33)을 보인다. 자신도 넘어지는 과실자임에도 엎지른 물로 마룻바닥을 적신 남의 실수는 한 치도 용서하지 않는 거만한 위세를 부린다.

형편의 이해도에 따라 편협성을 드러내는 인생들을 향해 사도 바울은 "하나님의 어리석음이 사람보다 지혜롭고 하나님의 약하심이 사람보다 강하니라(고전1:25)."라는 말을 우리에게 남겼다.

나

궁휼히 여기는 심성이 약해져 이웃 사랑이 핍박해진 나. 남을 나보다 낫게 여기지 않으면서(엡2:3후), 하나님 뜻대로 근심하지 않으면서(고후7:10), 애통해하지 않으면서(마5:4), 소금의 맛을 잃었으면서(마5:13), 주님께 묻지(삼하5:19)도 않고 멋대로 사람이 중심인, 호화로운 겉모습의 이면으로 온갖 죄악들이 들끓는 세속을 헤매는 나. 포도원에 가겠다는 대답 뒤로 가지 않는 불순종(마21:29)의 결말로 뒤돌아본들, 앞을 내다본들 삶의 정착과 거리 먼 캄캄한 절벽의 삶을 사는 나. "주여, 살려 주소서."라며 읍소로 부르짖는 나.

주님께서 오상(五傷)으로 다 쏟아내신 골고다 보혈의 공로로 나의 모든 죄를 깨끗하게 씻음 받았음에도 불구하고, 그 보답의 감사는커녕 기나긴 물질적 가난을 임의로 벗어보겠다며 허공에서 흩날리는 상상의 돈다발을 참담한 눈빛으로 좇고 있는 나의 눈길. 그 바다에 던지고 또 던져도 빈 그물만 끌어 올리는(요21:3) 그 식상감에 시름시름 앓는 원망을 품고 다니며, 앞의 장애를 뛰어넘겠다는, 항상 기도하라(눅18:1)는 희망의 빛에도 눈을 감고 낙담으로 갈피를 못 잡는 나. 예수를 두 번 죽이는 천륜의 배신자로다.

나를 깨운 성경 한 구절

가까운 전례에서 나의 하나님을 더듬어 찾는다.

잠자리에서 눈을 뜨자마자 감사의 샘이 용솟음친다. 이십 일 넘도록 이어지고 있는 기록적인 폭염을 식히는 한 주 첫날에 스쳐 가듯이 내린 반가운 복된 단비 때문이 아니라, 티 없이 특별하게 맑은 영혼의 기쁨이다. 활짝 열린 마음을 드려 하나님을 보여 달라는 기도를 올리고 싶다는 열망이 가득 차오른다. 행복한 기대가 높아지는 신앙의 글 쓰는 일에 파묻혀 가난의 서러움을 잊고 싶다.

아우 아벨을 죽인 가인의 아들 에녹은 성경의 삶의 기록은 단 몇 줄로 짧으나, 영으로 찾고 찾은 하나님과 삼백 년을 동행한 묵상자 중 한 명이었다(창5:24). 육신의 죽음을 보지 않고 하늘나라로 곧바로 옮겨진 에녹은 하나님을 기쁘게 해드린 인물이다(히11:5).

불쾌지수를 높이는 끈적끈적한 몸을 미지근한 물로 씻고 성경을 펼쳐 문자를 좇다 문득 나를 돌아본다. "네 큰 지혜와 네 무역으로 재물을 더하고 그 재물로 말미암아 네 마음이 교만하였도다(겔28:5)." 구절을 나를 깨우는 주의 경고로 받아들였기 때문이다. 실적이 전무하여 존재가 불분명한 출판 사업으로 이제껏 누려보지 못한 경제적인 유복의 불꽃을 피우려는 나의 미래 설계를 사전에 지적한 것이었다.

인간의 한계

세상의 이치를 지적으로 바로 세우려는 위대한 철학자일지라도 신성한 정수를 만들어 낼 수는 없다. 물 위를 걷고 아픈 몸을 낫게 하는 능력의 기적은 오직 하나님만이 할 수 있는 일들이다.

영혼이 평안하면 일상의 형통을 기대하게 된다. 그리운 하나님의 의존을 더욱 강화하여 은혜를 간구한다. 인간의 나약함은 이토록 현현하는 하나님을 찾아다니는 것으로 나타난다. 높은 지혜, 넓은 지식도 하나님으로부터 임하는 영감이라 겸손해지지 않을 수가 없다. 나에게 영혼들을 일깨우는 진리의 말씀이 있다 할지라도 영원히 사는 신은 아니기 때문이다(겔28:2).

보답하는 양으로

"물고기를 잡을 낚싯대를 하늘로 던진다면 그 방법부터 겨냥이 맞지 않는 것이다."

유일신을 믿는 신자들은 타 종교인을 인정하지 않는 배타심이 매우 강하다. 신념 차이로 깊어진 거리를 좁혀 보려는 타협은 아예 뭉개버리고 상대방을 마귀 또는 사탄으로 몰아붙인다. 상대적으로 위해를 끼칠 성향을 가진 자라면 나의 신앙을 지킨다는 방어 차원에서는 마땅히 영역 밖으로 쫓아내야 한다. 그러나 순수한 인간을 향한 공격성 박대는 박한 사랑의 결핍이 아닐 수 없다.

기독교는 "네 이웃을 너 자신처럼 사랑하라(마22:39)."라는 계명을 따르는 계시 종교이다. 사랑은 끌어안는 포용이다. "나는 부활이요 생명이니…(요11:25)."라는 말씀으로 구속의 중보자이심을 스스로 밝히신 그리스도의 구원 약속에 신뢰를 두고 의지한다면 종교 및 인종을 초월해서 한 육체의 생명체인 이방인들을 적극적으로 품어야 한다. 그 사랑으로 예수를 영접하는 구원자가 될 수 있기 때문이다. 나의 안일만을 위한 신앙은 메시아의 정신이 아니다.

"너희가 우리 안에서 좁아진 것이 아니라 오직 너희 심정에서 좁아진 것이니라. 내가 자녀에게 말하듯 하노니 보답하는 양으로 너희도 마음을 넓히라(고후6:12~13)."

교회 밖 사람들의 읍소

"그럼에도 혀는 부러지지 않았군."

교회 밖 사람들이 하나님을 예배하는 성도들에게 보내는 읍소의 진심은 높은 도덕심과 누구에게든 거리낌 없이 설득할 수 있는 거짓 없는 맑은 영혼이다. 물질 만능주의에 깊이 빠진 사회 병 치료에 양약이 되어달라는 부탁이다.

육신은 영혼의 거처이다. 기독교인들이 경계해야 할 사회성은 승리만을 외치는 능사가 아니라 한 생명을 얻고자 손해를 감수하는 통 큰 배려이다. 교회 내에서는 사람에게 보이는 과시의 헌금보다 진정한 성심을 담은 한 닢의 동전 드림이다(눅21:1~4). 믿음의 행함이 동반되지 않은 헌금은 하나님께서 기뻐하시지 않기 때문이다(히11:6).

교회 성도라면 훔치지 말고 오히려 참된 신실 성을 나타내야 한다(딛2:10).

일대 비닐 온상의 채소밭 가편으로 한 동의 가건물 교회를 세워 주일예배를 인도하는 그 목사의 전직은 목수였다. 교인 수는 20여 명 안팎에 불과하여 살림살이가 매우 구차한 교회이다. 성직자로서의 인품은 찾아볼 수 없는 전형적인 농부 차림새인 그는 이따금 목수 일로 생활비를 벌어 생계를 유지하는 형편이었다. 해외 캐나다까지 원정하러 갈 때도 있었다. 체구가 왜소한 부인이 동네 재래시장 모퉁이에 쭈그리고 앉아서 직접 재배한 채소 따위를 팔기도 하는 모습을 두세 번 본 적이 있다.

천막 깁는 업으로 최소한의 생업을 유지한 사도바울(행18:3)을 연상케 하는 그 목사가 일기 좋은 주중의 한 날에 움막교회 바깥에서 마주 앉은 필자 앞에서 굵은 줄기의 눈물을 보였다. 재정 관리를 맡은 몇몇 집사가 목사의 사례금은커녕 그렇지 않아도 적은 주일헌금을 자기들의 쌈짓돈인 양 술값과 담배를 사는데 빼서 쓴다는 하소연 뒤의 눈물줄기였다. 필자는 그 교회에 배 체계 및 교육을 맡아달라는 읍소로 50대 여자전도사를 소개해 주었는데, 두 달 만에 본 교회로 돌아가 버렸다.

거짓 영

“두 팔로 꼭 끌어안은 상대방의 얼굴은 제대로 볼 수 없으나 떨어지면 생김새의 윤곽을 유려하게 볼 수 있다.”

사실에서 진실을 찾아라. 용기를 다하여 싸우는 자는 하나님께서 그 팔에 새 힘을 불어넣어 주신다. 우리의 씨름 대상은 혈과 육이 아니라 천사의 가면을 쓰고 실족의 어둠 세계로 유도하는 악령이다(엡6:12).

마귀도 암송해 둔 성경을 구구절절 인용한다. 예수 행세를 하며 다니는 거짓 자들을 영을 분별하는 은사로 가려내야 하는데, 확신이 미약한 그저 그런 믿음이라 현혹하는 마술의 유혹인지를 알 길이 없으니 답답함이 이루 말할 수 없이 크다.

에덴동산에서부터 인류와 동고동락해 온 마귀(요사스럽고 못된 잡귀를 통틀어 이르는 말)[2]는 중상모략이 뛰어난 공중의 권세자이다. 헬라어로 ‘디아볼로서’라고 하는 마귀의 뜻은 ‘고소자’, ‘중상자’이다. 초자연적인 능력으로 하나님의 일을 대적하고, 그 믿음 자들의 이탈을 유도하면서 깊은 시험의 고통으로 내던지곤 한

2 출처: 국어사전.

다(욥2:7).

여기저기 두루 돌아다니는 마귀(욥2:2)는 험담 꾼이다. 화인 맞은(딤전4:2) 거짓 영들일수록 눈에 보이는 영적 능력을 강조한다(행전8:19). 심약을 불러일으켜 두려움에 떨게 하면서 재물을 끌어내는 사익을 추구하는 거짓 영들은 모양만의 꽃꽂이에 불과하므로 해 아래에서는 쉬이 마른다. 우리 주변에서 흔히 목격할 수 있는 악마의 모습은 사회에 먹구름을 드리우는 살생·폭력·분쟁·이간·음란 등이고 영적으로는 예배방해(성령 훼방), 의문의 견제가 아닌 악감정을 품은 반대의 반대로 성령을 뜻을 막는 육신의 목청이다(행21:4).

영적 은사로 내세의 능력을 맛본 사람 중에서 성령의 역사를 훼방하는 자들이 유독 많이 나타나는 까닭은 구세주를 넘어 하나님의 보좌까지 넘보는 바벨탑의 교만 때문이다. 도를 넘어선 이런 광신적인 사람은 하나님의 아들을 다시금 십자가에 달리게 하려는 타락한 자들로서, 회개로도 새롭게 할 수 없다(히6:4~6). 언제든 심장의 뛰뮤이 멈출 수 있는 인간은 신이 될 수 없다(겔28:2). 영을 다 믿지 말아야 할 일이다(요일4:1).

인격적 신앙

“하나님께서 바라시는 나의 모습은 어떠해야 할까. 현숙해지는 것이다(잠31:1).”

안개가 걷힌 새 아침. 연초록 향기 짙은 온갖 꽃들이 피어나는 들판. 봄의 양기는 대지의 생동을 키운다. 혜안하게 밝은 햇살이 거실 마루를 은은하게 비춘다. 가지마다 새순이 돋은 감나무 그림자도 함께 드리워졌다. 닫힌 유리문 너머의 바깥 정경이 고요하다. 젖먹이 아기를 품에 안고 잠을 재우는 엄마의 고운 얼굴에는 순순한 천연의 꽃이 피었다.

교양을 갖춘 품위는 아름답다. 순수한 침묵이 돋보인다. 나의 중심인 자아를 내려놓고 하나님의 임재를 잠잠히 기다리는 신앙인의 자세에서 우러나는 순결이다. 신앙도 인격이다. 하나님을 아는 지식이 신앙의 지평을 넓혀 준다(호6:3).

권리 주장만 하는 기도는 정신을 어지럽히는 방해물이다. 무릎의 응답이 늦어질 수밖에 없다. 흐르는 물이 항상 맑듯이, 미래를 열어 보이는 성경으로 마음을 씻어내야 한다. 젊은 날의 신앙은 독수리 날개다.

나 아닌 다른 누군가를 닮고 싶어 하는 이탈은 나를 잃어가는 것이다. 타인과의 비교는 나를 내게 가둬두는 편협함이다. 나의 삶이 아닌 시험의 빌미이므로 불행의 싹이 된다. 밉도록 못생겼든, 귀엽도록 잘생겼든 나의 모습 이대로 자신의 정체성으로 살아가는 게 최고의 하나님 섬김이다. 사람에게 잘 보이려 꾸미는 웃음은 진심이 아니라 비위 따위나 맞추는 허세에 불과할 뿐이다(렘2:33).

근신 부재

"하나님 편에서나, 사람 앞에서나 필요한 도구로 쓰임 되게 하소서."

나의 구원은 적극적으로 끌어안으시는 하나님의 사랑이지, 청산유수의 달변이 아니다. 신앙인의 가장 큰 형벌의 치욕은 목사·장로·교사·집사직분의 봉사를 평생 또는 다년간 맡아서 했는데도 불구하고 주님에게서 "나는 너를 모른다(마7:21)."라는 말을 최후의 심판으로 들었을 경우이다. 이는 성령의 공급(벧전4:11)과는 무관한, 육신을 벗지 못한 입술만을 팔았기 때문이다. 근신 뒷배의 부재 결과이다.

보통 사람들과 달리 큰일을 성취해 내는 사람의 눈빛에는 목적을 담은 관찰력이 있다. 그들은 말한다. 잘 보는 관찰의 비결은 주의 깊은 주시이다. 사물을 실용적으로 재현해 내려면 바위 틈에 누워 눈동자를 대상물에 고정하는 인내를 감수해야 한다. 재능의 힘은 이 바탕에서 일어난다. 한 방울, 한 방울의 낙수가 바위를 뚫는다.

'유심(有心)'은 마음을 담는다는 뜻이다. 마음이 쏠려 다시금 돌아보면 같은 내용물도 새로운 필요성이 담긴 것으로 보게 된다.

하나님께서는 본성이 얼마나 강한 지 시험을 얼마나 참는 지로 판단하신다.

사물을 보는 차이

"내 백성이 지식이 없으므로 망하는도다(호4:6)."

몇 해 전 신문을 통해 글을 몰라 농약을 음료수인 줄 알고 마셨다가 수명을 단축했다는 어느 할머니의 기사를 본 적이 있다. 무지가 죄임을 증명해 보인 사례이다.

중세기 교회개혁 이전에는 성직자 외의 특수층 사람들만이 성경을 소유했다. 평민들은 그들의 말을 신의 말씀으로 덮어놓고 곧이곧대로 믿어야 했다. 십자군 전쟁 참여는 곧 순교이며, 면죄부 구입은 곧 지은 죄를 면제하는 것이라면서 평민들을 속였다.

한편 그러한 횡포를 일삼은 거룩한 그들은 기름진 배불뚝이 배로 제 발끝을 내려다볼 수 없었다. 체중 비대로 앉고 일어서는 일조차도 몹시 힘들어했다. 그들은 모두 목이 타는 불꽃 한 가운데로 떨어지고 말았다(눅16:24).

지식과 지혜의 차이는 다음과 같다. 전자는 배워서 알게 된다는 뜻이고, 후자는 사물의 위치를 빨리 깨닫는 것을 말한다.

생의 중심

건성은 슬쩍 보고만 지나치는 행태를 말한다. 노름에 빠진 친구가 있었다. 생활을 바꾸려면 주변 정리부터 하라고 충고했다. 잡생각은 과거에 매달리게 한다. 불필요한 것들을 버린 자는 채울 수 있다. 빈손이어야 주먹을 불끈 쥘 수 있다.

나무는 나무로 바로 서 있을 때 그 가지와 잎이 푸르고 힘차다. 뿌리가 뽑힌 채로 누워 있는 나무는 비를 맞을수록 산해가 빠르다.

제 자리를 지키지 않고 길거리에 우두커니 서서 오가는 인파를 게으른 방심으로 구경만 하는 사람은 실속을 채우지 못한다. 인연을 가볍게 맺으려 오락만을 좇는 사람도 시간을 아낄 줄 모르는 부류에 해당된다. 이런 사람은 노년에 접어들면 더더욱 할 일이 없어 무료함에 시달린다. 쉬이 늙는 이유이다.

예수 믿음이 처음인 성도는 당연히 신비한 영적 세계를 알지 못한다. 그래서 자신이 느낀 본능을 표현하는 발표가 서툴 수밖에 없다. 자신이 이해할 수 있는 범위 내에서 우선 마음의 중심을 잡고 안목을 기르는 것이 정착의 지름이다. 나의 주도 아닌 성경에 안중을 두는 게 영적 건강의 시효이다. '궁금하다.',

'알고 싶다.', '알아야겠다.', '해야 할 일임이 분명하다.' 감동에 이끌려서 좋아지면 용기가 저절로 솟아오른다.

세운 목표에 다다르려는 열정이 제아무리 뜨거울지라도 그 기운이 항상 견지되는 것은 아니다. 체력의 한계로 반드시 의지는 어느 시점에서 분산된다. 이 무렵에는 시선을 돌리고 쉬면서 그동안 읽은 성경 구절을 음미하거나 성령께서 어떤 계시로 기도 응답을 들려주실지 심중의 믿음을 모아두는 것이 좋다. 귀를 활짝 열어둔 성도는 성령의 말씀을 듣게 된다.

"볼지어다. 내가 문밖에 서서 두드리노니 누구든지 내 음성을 듣고 문을 열면 내가 그에게로 들어가 그와 더불어 먹고 그는 나와 더불어 먹으리라(계3:20)."

행동하던 방향으로 계속 나아가려는 습관의 법칙을 깨라. "묵은 땅을 기경하라(호10:12)." 찾고 찾는 노력 없이는 손에 쥐어지는 것은 아무것도 없다. 생각은 의미의 되새김이다. 생각하면 얻고 생각이 없으면 기억조차 사라진다. 생각하는 자는 어디서든 생존할 수 있다. 나를 일으켜 세우는 힘이기 때문이다.

눈이 떠져 있지 않은 사람은 지각부터 흐리다. 아무 생각 없이 그저 믿기만 하는 믿음은 성취도가 낮다. 살아 있기는 하나 실상은 죽음에 가깝다. 내면을 다진 기반이 든든하지 못하니 주체가 불분명하고 고루하며 지루하고 형식적이라 성장하지 못한다. 사물을 헤아리는 지식이 결핍되어 있으니 초점이 어질어질 산만하다.

생의 중심은 오늘의 일에 분변을 갖추는 것이다. 보이지 않는 영적 세계를 이 땅에 드러내도록 선택받은 사람이 성도이다. "만물의 마지막이 가까이 왔으니 그러므로 너희는 근신하여 기도하라(벧전4:7)."

부스러기 시간

신앙의 깊이는 성경 내용 한 절, 한 절을 반복적으로 읽으면서 외우는 데 달려있다. 더욱 심층적인 공부는 그 내용 그대로를 나의 노트에 옮겨 쓰는 필사이다. 막 발효가 시작된 빨간 고추장을 약지 손가락 끝으로 살짝 찍어 쩝쩝 맛보는 필사는 열독 중의 열독이면서 동시에 나의 뇌를 깨우는 힘이 부여된다. 외풍이 몰아치면 영문도 모르게 흔들리는 신앙의 중심 잡기에 더욱 용건해진다. 길게는 아니더라도 하루 24시간 중에서 부스러기 몇 십 분만이라도 경건에 쓴다면 내 삶에 질서가 잡히는 믿음이 비밀스럽게(딤전3:9) 날로 새롭게 성장하는 과정을 피부로 느껴 볼 수 있다.

하나님을 가까이하는 방법 중에는 사람 만남의 횟수를 줄이는 희생이 있다. 친절을 담은 밝은 낯빛으로 접근하는 사람의 움직임을 주시하라. 필요할 때만 친구인 척 손을 내미는 사람은 곤란에 빠진 사람의 편을 절대로 들어주지 않고 물러날 눈치만을 살핀다. 그가 만일 채권자라면 모든 재산을 빼앗아 갈 수도 있다.

길거리에서 들은 이 사람, 저 사람에 관한 불필요한 정보는 피로도만 높일 뿐이다. 잦은 말실수는 안정감을 떨어트린다. 그 시간에 교제 대상으로 하나님을 만났더라면 그대는 수건을 벗은 생명의 자유를 후회 없이 만끽했으리라. "내가 이른 말은 영이요, 생명이라(요6:63)."

하나님의 창조물인 자연 만상을 향한 묵상은 또 다른 신비를 체험하게 한다. 맑고 깨끗한 공기가 사회의 혼탁함에 찌든 정신을 개운하게 깨우는 것은 물론이고, 한여름 밤 풀밭에 누워 무한하게 펼쳐진 하늘의 반짝이는 수많은 별을 세어보는 경외의 아름다움에 도취되는 보람을 체험한다.

신뢰

하나님의 말씀이 기록된 성경을 등 뒤로 내던져 놓고 하나님께 구하는 기도는 가증이다(잠28:9). 양심을 속이는 허영심이다. 부덕은 자신을 놓치는 행위이다.

자신의 이해 영역을 넘어 무턱대고 무엇을 들으려고 덤비는 자는 애덕(愛德)이 없는 사람이다. 애덕에 믿음이 더해지면 그 영혼은 빛을 발한다. 무지에서 벗어나는 지식이 영혼 구원에 도움이 되지 않는다면 믿음의 지식이라 할 수 없다.

침이 마른 혀는 물을 찾는다. 많은 말은 영혼을 만족시키는 것이 아니라 되레 영혼을 메마르게 한다. 얼굴을 밝게 하는 생활의 윤택은 깨끗한 양심의 반영이다. 하나님으로부터의 신뢰는 성덕(聖德)이 수반된 생활이다.

평안의 희망

"고민이 길면 얻어지는 건 심상(心傷)뿐이다."

개인을 놓고 보면 음양의 두 성질이 있다. 빛을 받는 반대로 자신의 그림자가 드리워진다는 뜻이다. "세상에는 참 평안 없더라."라는 구절의 노래가 있다. 평안의 정체는 무엇일까?

우리에게 평안을 주신 예수께서도 평생 핍박의 나날을 보내셨다. 한시도 평화롭지 못하셨다. 하물며 피조 인생들에게는 평화가 어디 있으랴.

높이 오르려면 낮고 낮은 아래의 땅부터 밟아야 한다. 그 과정을 거쳐 오면서 크고 작은 실수나 남에게 민폐를 끼치지 않은 사람은 없을 것이다. 지금부터라도 부정적인 면은 버리고 긍정적인 면을 끌어올리는 게 그날들을 덮는 용서가 아닐까? 원망을 녹이는 힘은 그리스도 품 안의 사랑이 아닐까.

믿음의 의지가 없는 사람은 아무리 등을 떠밀어도 소용이 없다. 주저앉기만 하려는 안일한 자의 습성이다. 아기의 걸음마는 장차 두 발로 걷기 위한 사전 연습이다. 나의 힘이 되시는 주님을 바라보며 분발하자. 평안의 희망을 버리지 말자. 그리스도를 품은 가슴(빌2:5)에 세대를 본받지 않는 새로운 마음으로 선행의 분별력을 기르자(롬12:2).

모순에 숨겨진 영적 비밀

기독교는 인간의 이성으로는 도무지 이해가 안 되어 질문을 던지게 되는 문젯거리 사안이 많다. "약함이 곧 강함이다.", "피해를 보아도 나의 감수로 참아야 한다."라는 내용들이 그렇다. 세상은 다 평안한데, 법 없이도 착하게 살아온 나인데, 왜 살던 집에서 쫓겨나 하늘을 이불 삼아 노숙을 해야 하나? 도움을 줬는데 감사의 말 대신 핍박과 박해를 듣는 대적 자가 되어 억울한 누명을 쓰고 눈물을 흘려야 하나?

자연의 법칙과도 전혀 맞지 않는 이러한 모순적 횡포논란의 기저에는 성스러운 하나님의 계시가 있다. 인간 중심의 의지를 낮추시며 장차 들어와도, 나가도 복을 받는 '성민(신28:9)'이 되게 하려는 사전 준비의 대상자로 선택되었기 때문이다.

동기만으로는 하나님의 마음을 움직이게 할 수 없다. 성령으로 거듭난(요3:5) 이후 그의 인도에 따르는 행함(약2:17)을 보여야 하나님의 임재를 볼 수 있다.

외로운 신앙

"산골짝의 꽃은 맑기도 하다."

채로 맞을수록 중심의 회전 속도가 빨라지는 팽이. 때때로 마주치는 고통의 환난은 좋은 현상이 아니니다. 바로 서지 못하도록 비틀거리며 절망에 빠진 사람은 하늘의 푸른빛을 노란빛으로 본다. 받아들이는 믿음의 각도에 따라 달라질 수 있겠으나, 신앙인들은 뼈골 쑤심이 곧 하나님의 구원의 은혜임을 깨달아야 한다.

온유한 그리스도인은 하나님의 조정을 받는다. 자신의 의지가 아니라 하나님의 뜻에 첫머리를 둔다. 그러므로 고립의 외로움을 두려워해서는 안 된다. 과거를 돌이켜보게 하는 홀로된 환경일 때 사람은 자신에게 가장 정직해진다.

사도 요한은 밧모섬에 눌러앉아 요한계시록을 썼다.

삶

"귀는 소리를 들을 뿐, 사물을 보는 눈이 아니다."

작은 자루는 빨리 채워진다. 아는 것이 많다고, 꿈이 크다고 해서 성공의 기회를 잡을 수 있는 게 아니다. 큰 나무가 되기까지는 오랜 시간이 필요하다.

삶은 무엇보다 앞에 놓인 문제의 실타래를 풀어나가는 과정이다. 문제의 문제 속에 답이 있는 데도 당면한 문제를 해결할 의지를 보이지 않고 방치하고 내버려 두는 자는 자신의 책임을 소홀히 하거나 저버린 사람이다.

소낙비에 허물어진 둑을 원상 복구하는 것이 나의 할 일이라면 마땅히 땀 흘리는 힘을 써야 한다. 그 수축에 역량을 미룬다면 더 큰 화가 밀려들 수 있기 때문이다.

작은 것은 경시하기 쉽다. 작으면서도 심기를 무겁게 괴롭히는 대상은 집중을 방해하는 내 안의 사사로운 잡념이다. 속박에 잠겨 들기 전에 쫓아내야 평안을 유지할 수 있다. 그 평안은 내 안에 빛이신(요1:9) 주님을 모심이다.

"오직 그만이 나의 반석이시요, 나의 구원이시오, 나의 요새이시니 내가 흔들리지 아니하리로다(시62:6)."

동안에는

"동안은 일 진행의 과정이므로 혜안이 뜨이기를 기다려 줘야 한다."

호흡을 내쉬는 동안에는 그 누구든지 세속의 유혹에서 자유롭지 못하다. 그 대상을 물리치려는 저항을 보이지 않고 욕망만을 채울 속셈대로 두 눈을 꼭 감고 이를 받아들인다면 그는 그 대가로 파멸의 죄 한가운데로 떨어질 수밖에 없다. 진한 향기는 부담스럽게 고약한 냄새를 풍긴다. 진실성의 부족을 말 많은 거짓으로 대신하는 입술을 가진 자의 악취도 이와 같다. 육신은 보기 좋은 호의의 모습으로 위장한 광명천사(고후11:14)의 현혹에 넋을 놓는 때가 종종 있는데, 이는 강한 물욕에 선한 분별력이 떠밀렸기 때문이다. 자신에 관한 관리를 벗은 잠깐의 만족은 잠깐의 미소일 뿐이다.

발람은 "너는 그들과 함께 가지 말라."라는 하나님의 말씀을 "갈까요, 말까요."를 묻는 기도 중에 들었음에도 "내가 그대를 높여 크게 존귀하게 하리라."라는 모압왕 발락의 감언이설에 빠져 한껏 자란 물질적인 미혹을 기어이 수용하고 만다. 발람은 준비를 갖추고 나귀에 올라 사신들의 호위를 받으며 기략 후솟에 이르렀다. 비스가 꼭대기 제단에 수송아지 일곱 마리와 숫양 일곱 마리가 올려졌다. 그렇지만 발람은 하나님의 강권으로 하나님께서 저주하지 않은 이스라엘 민족을 꾸짖을 수가 없었다. 오히려 축복하자 발락의 책망이 즉각 날라 왔다. 세 번째까지 같은 축복이 이어졌다. 점성가 발람이 물질을 좇았던 결과로 광야 생활을 하는 회중 가운데 하나님의 진노인 염병이 크게 번졌다.

그 방향으로 정함이 내려져 있는 사람은 좌우로 치우치지 말아야 한다(수1:7). 그 길목을 지키고 있는 그 어떤 유혹에 직면하면 은혜 안의 사람일지라도 혀가 말리는 갈등의 괴로움에 시달린다. 베드로는 예수를 세 번이나 부인한 수제자이다. 그는 그 회개 후 "삼킬 자를 두루 찾아다니는 마귀(벧전5:8)"를 경계하라는 말을 남겼다.

성경을 읽어라

"나의 관점을 성경에 맞추자."

천명을 모르는 자는 제멋대로 행동하고 하나님의 말씀도 무시하며 멀리한다. 기쁜 노래가 없는 이 사람의 목적지는 "정의를 쓴 쑥으로 바꾸며 공의를 땅에 던지는 것이리(아5:7)."

가뭄에 메마른 빈 가지 영혼아, 하나님께서 작게 하사 사람들의 큰 멸시(욥1:2)에 그늘 짙은 골짜기에서 내쉬는 호흡의 머리를 들어 하늘을 보라. 잃은 처음 사랑을 의지로 더듬어(계2:4) 온 마음을 참 빛(요1:9)이신 예수께 두라. 대저 행동을 달아보시는 주님(삼상2:3)께서는 "나를 찾으라, 그리하면 살리라(아5:4)."라는 말씀을 지키시는 신실한 분으로서 그대의 눈물의 사연을 들어주시리.

무쇠로 굵은 밧줄을 끊으려니 힘만 들고, 칼날이 예리하면 베일까 하는 우려로 그 또한 보관이 쉽지 않으리.

성경 말씀이 성령의 운동으로 나의 혼을 깨워 일어나게 하는 그날이 오면 누구는 장래를 내다보는 예언자로, 누구는 수많은 구체(球體)로 이루어진 신비의 우주를 밝혀내는 과학자로 발돋움하리라.

1987년 여름 한때 토굴생활을 한 적이 있다. 그 어느 한 날에 "너는 성경을 많이 읽어라."라는 음성을 들었다. 하루 한 끼 식사, 성경을 베개 삼은 짧은 숙면 외에 전 시간을 성경탐구에 매달렸다. 방대한 신·구약 66권 전체를 9일 만에 완독했다. 혹한 속에서 활짝 핀 살구꽃 꿈을 꾼 때는 그 몇 해 전이다.

관점을 성경에 맞춰라. 성경탐구에 있어서 신성한 의지를 갖추지 않는다면 여러 의문만 남게 된다. 하나님께서는 누구에게는 내리신 그 은총을 내게는 왜 주시지 않는가? 반문의 해소와 정답은 성경 안에 들어 있다.

세속에서 벗어나 자신만의 경건의 시간을 가져라. 믿음의 훈련은 성경의 교훈부터 배우는 것이다. 인생 성공의 비밀은 하나님 의지를 굳게 다지는 데서 온다.

"주의 의로 나를 건지시며 나를 풀어 주시며 주의 귀를 내게 기울이사 나를 구원하소서(시71:2)."

생명의 양식인 성경

“성경을 채찍 삼아 나를 깨운다.”

사후 천국을 굳게 믿는 성도들에게 성경은 곧 생명의 양식이다. 믿음의 행동반경을 보다 넓혀서 보기 위해 우리는 성경 외의 주석이나 강해집 같은 양서를 집어 들고 탐구한다. 그러한 책들을 읽어 내려가면서 그 지경까지 닿지 않아서 알지 못했던 신앙이 고양(高揚)되는 지식을 유용하게 배우며 깨우친다. 그렇지만 성경을 자료 삼아 사람이 쓴 묵상집이나 그 밖의 영적 서적은 그 저자의 몫임으로 독자에게 부족한 미지의 해답을 채워주지 못한다. “성경의 모든 예언은 사사로이 풀 것이 아니니다(벧후1:12).” 즉, 인생 문제의 질문과 답은 성경 안에서 얻으라는 뜻이다.

성경은 성도의 손길에서 펼쳐진다. 구원으로 인도하는 그 성경을 눈길로 읽는 성도는 인격이 다져진다. 이해하는 수준을 넘어서면 나의 말씀이 되어 변화를 체험하게 된다. 속박에서 풀려나서 희열의 날개로 난다. 성경 내용은 고독한 외로움에서 수용이 빠르다. 인정을 받고 싶은 사람은, 존경을 열망하는 사람은 그 무엇보다 그렇게 되겠다는 노력을 게을리해서는 아니 된다. 실천으로 행하는 적극적인 믿음은 아비 같은 스승에게도 양보

해서는 아니 된다. 뇌의 작용을 쉬게 하거나, 실컷 마시며 놀자고 하는 사람은 하늘은사의 능력을 절대로 발휘하지 못한다. 좀 더 쉬자, 좀 더 자자의 게으른 나태가 자리에서 일어나지 못하도록 그를 붙들고 있기 때문이다.

"학문 중의 꽃은 신학이다."라고 설파한 사람은 "회오리바람 가운데 나의 하나님이 앉아계신다."라는 증언으로 신앙을 드높인 루터이다.

작은 돌멩이도 뒤집으면 표면의 생김이 다르다. 한 신학생은 시험 때만 되면 실력 평가 시험장이 아니라 기도원으로 내뺀다. 그렇게 일탈하는 학생에게도 졸업장이 수여됐는지는 알 도리가 없으나 하나님의 대언자로서는 불합격이다. 그 신학생에게 입학 전에 성경을 30독 하라고 이른 적이 있다.

나의 정체성 확립에는 배움이 먼저이고 길을 열어 보이는 가르침은 그다음의 일이다.

사라져 가는
무릎 통증

"꿇은 무릎에서 해방을 본다."

최악의 불행이라 여겨지는 도탄에서의 탈출은 인간의 의지로는 거의 불가능에 가깝다. 자신을 이겨낸다는 것은 그만큼 힘들며 어렵다는 뜻이다. 숨겨둔 마음으로 물질적인 수익만을 그리며 좇는 근본의 싹을 잘라버리지 않는 변덕스러운 욕망이 강할수록 점령할 기세로 덮치려는 홍수 세력을 물리치는 힘은 약할 수밖에 없다.

기독교인들의 언행은 교회 안에서는 선량하게 부드럽다. 그 표정이 신앙의 힘을 키우는 골방기도(마6:6)에서 비롯된 것이라면 기쁨이 한량없이 크겠으나, 대부분 사람들의 숨결인 외부 환경 요인에서 비롯된 것이다. 사실 이는 그나마 실망이 덜한 편이다. 필자부터 신앙인들의 무릎에 통증이 사라진 지는 오래다. 물질적인 풍요에 힘입은 그 건강한 다리들은 오늘도 들로, 산으로 놀러 다니기에 바쁘다.

"하나님의 날이 임하기를 바라보고 간절히 사모하라. 그날에 하늘이 불에 타서 풀어지고 물질이 뜨거운 불에 녹아지리(벧후 3:12)."

"그러므로 깨어 있으라. 어느 날에 너희 주가 임할는지 너희가 알지 못함이니라(마24:42)."

짐

"의무라고 생각하며 감사로 받아들이지 않는 이상 무거운 짐이 된다."

당한 악행을 선행으로 달래며 마음을 진정시키는 일은 보통 사람으로서 할 수 있는 감정이 아니다. 이 경우와 마주쳤을 때 수십 년의 수양으로 자애심의 터를 닦아 덕이 우러러 높아진 사람의 위상도 한순간에 무너질 수 있다. 신앙이 깨지는 참담함이다.

사람은 저마다 짊어진 어깨 짐이 있다. 그대로 참고 견뎌내지 않으면 안 되는 소명을 짊어지고 있다는 뜻이다. 그 짐이 평소와 다를 바 없는 보통의 무게인데도 오늘따라 감당하기 힘들고 유독 버거운 것은 내 안에서 일어나는 두 싸움 때문일 것이다.

"내려놓아라." 나를 오래전부터 아는 타자의 음성에 "몇 십 년 동안 쌓은 공(功)의 포기는 없다."라며 아집으로 버티는 나의 자아 양립으로 인해 빚어진 갈등이다. 내 편에서 힘을 넣어 아래로 내려가면 상대편은 위로 솟구치는 시소게임이라 도무지 균형이 일치하지 않는다.

심리학에서는 자기 평가를 이렇게 정리하고 있다. 내가 아는

나. 내가 알지 못하는 나. 다른 사람이 아는 나. 다른 사람이 알지 못하는 나.

종교 개혁가 칼뱅은 『기독교 강요』에서 "사람은 하나님을 만나야 자신을 알고, 자신을 알아야만 하나님을 알 수 있다."라고 주장했다. 예수께서는 "자기 십자가를 지고 나를 따르지 않는 자 내게 합당치 않다(요10:38)."라고 말씀하셨다.

"그리스도의 법을 성취하라(갈6:2후)." 이 구절이 심금을 울린다.

분기

"구원만을 바라는 믿음에는 역사가 없다."

믿음의 성장은 우리들의 마음먹기에 달려있다. 영이신 하나님이 아니라 육신의 사람을 대상으로 하는 예배는 허울에 불과하고, 말씀 없는 기도는 자신의 요구만을 들어달라는 생떼에 지나지 않다(잠28:9).

예배와 기도에 분기(奮起)를 실어야 한다. 분기는 공경의 하나님을 위해서 자신을 떨쳐내는 결단이다. 미온적인 태도에서는 열성이 나올 수 없다. 이 선행의 습관은 공동체 교회에서 배울 수 있는 동기 유발의 학습이지만, 그 이전에 하나님의 든든한 신원을 입지 못하면 신변잡기에 불과할 뿐이다. 든든한 신원은 땅속에 묻혀 나무를 자라게 하는 그 뿌리와 같다.

직업이 다양한 사람들이 모이는 교회는 시험에 들기 쉬운 장소이다. 교양을 갖추지 못한 저질스러운 사람들의 말투와 저 사람의 비인격적인 행동을 보기 싫다는 실망감으로 하나님을 등지고 싶다는 읍소를 키우는 곳이 교회이다. 실상 교회를 떠나 회색 거리를 유랑하는 가나안 성도 수가 제법 느는 추세이다. 어느 통계에 따르면 약 삼백만 명에 이른다고도 한다.

머리의 피로는 복잡한 번뇌에서 온다. 회의적인 비판자를 만나 그의 애정 마른 말에 장단을 맞추는 잡담을 늘어지게 주고받거나, 자신과 전혀 상관없는 진기한 소문을 듣고자 목을 길게 빼는 행위는 신앙 성장에 저해가 된다.

한쪽으로 치우쳐져 있는 편견, 편애는 선례에 따른 누적 기준을 세워두고 있다는 뜻이다. 리브가의 둘째 아들에 대한 애틋한 사랑으로 인해서 한 배 형제인 이삭과 에서 간에 결국 불화의 장벽이 쌓였다. 무엇이든지 정도가 지나치면 화에 직면하게 된다. 조급하게 서두르는 만큼 실수는 잦기 마련이다.

기도할 때는 나의 문제가 무엇인지 명확히 헤아린 후에 시작해야 중언부언하지 않는다. 매일매일은 아닐지라도 간혹 자기를 반성하며 내가 받은 은혜를 세어 보라고 권한다. 나를 알아주고 나를 나답게 키워 주는 하나님의 세미한 음성을 듣는 데 안성맞춤인 고요한 환경은 양심의 소리를 듣게 해 준다. 심령이 안정되어 있어야 모든 사물이 정상적으로 보인다. 품행은 마음가짐의 반영이다.

사회인 성도

"시장 모퉁이, 좌판 위에 몇 가지 채소 상품을 올려놓고 거친 손길로 성경을 넘기는 노파를 본다."

사회는 우리에게 하나님을 보여 주지 않는다. 물질만능 사회는 가난한 우리를 가소롭게 멸시하며 내쫓는다. 그렇더라도 우리는 사회의 일원으로 살아가야 한다. 위협을 느끼게 하는 해악을 일시적으로 피한다고 할지라도 우리가 다시 돌아갈 곳은 역시 사회이다.

서로 물고 물리는 살벌한 사회에서 멀리 벗어나서 잠시의 침묵 속에 잠겨 들면 그 영혼은 하나님과 한층 밀접해진다. 하나님과의 은밀한 교제는 우리로 하여금 분위기에 휩쓸리기 쉬운 산만한 타락의 부패성을 소금으로 방지케 한다. 하나님을 모신 친밀한 믿음은 더욱더 자라 천국에 대한 소망을 높여 준다. 그 시간에 비록 하나님의 음성을 듣지 못했다 할지라도, 천사의 흠모를 받지 못했다 할지라도, 적어도 영혼은 지켜진다.

그대는 하나님 앞에서 어떤 성도 상을 보이고 싶은가? 사회현상은 무궁무진한 시험거리들로 우리를 감싸고 있다. 그 가운데에 좌정해 계시는 하나님을 볼 수 있는 그대라면 좌우로 흔들리지 않을 참된 신앙인이다.

남이 잡아 올린 물고기를 탐하느니 내 집 마당에 눌러앉아 찢어진 그물을 꿰매는 일이 내일을 준비하는 것이다.

낮은 이 땅

"정신은 하늘이요, 육신은 땅이다."

사람들은 하나님은 하늘 보좌에만 앉아 계신다면서 그 높은 방향만을 줄곧 바라본다. 그렇지만 하나님은 낮은 우리 곁에도 얼마든지 현현해 계신다. 이 땅에서 하나님을 만나 볼 수 있는 과정은 성실한 모범의 예배이다(요3:24). 그다음은 목말라하는 형제에게 물을 대접하는 일이다(마25:40). 여기까지는 타성적으로 쉽다.

문제는 '나는 하나님께서 기뻐하실 믿음 위에 바로 서 있는가.'의 여부이다. 이에 대한 자가 진단은 위기 앞에서 드러내는 나의 본 모습이 어떠한가에서 알 수 있다.

이집트에서 집단으로 탈출하여 조상의 땅, 젖과 꿀이 흐르는 가나안으로 향해 가는 육십만 이스라엘 백성들은 메마른 광야에 당도해서, 손발이 터지도록 벽돌을 만들며 현장 감독의 채찍을 무차별적으로 맞았던 노예 핍박에서의 해방을 비로소 만끽했다. 그곳에서 가나안까지의 거리는 불과 열흘 정도 소요되는 길이었다. 그렇지만 헐벗고 휑한 광야에서 맴도는 시간이 하염없이 길어짐에 따라서 심신이 지쳐버린 백성들은 온갖 원망을 쏟아내며, 금송아지 우상까지 만들어 하나님의 맹렬한 진노를 불러들였다. 사십 년 후 요단강을 건너 가나안 땅을 밟은 사람은 그 후세들을 이끈 갈렙과 여호수아뿐이었다.

변치 않는 한 결질의 믿음의 장래는 평탄하나, 습관적으로 불평불만을 쏟아내는 혀는 상해를 끼친다. 평소처럼 자갈 소리만을 들려준다. 불평불만이 있는 자는 자신의 소망 없는 처지를 대변하는 것이다. 불평불만이 있는 자의 정신 수준은 빈곤하므로 삭막하다. 불평불만이 있는 자는 통찰력을 잃고 사는 사람이다. 그들의 기도에 대한 응답이 한없이 늦어지는 까닭은 이 때문이다. 흔히들 성결(연단)과정이 끝나지 않았다는 말로 위로하는데, 이 경우의 결질은 전혀 다르다.

속임을 당하는 것 같은 고통의 삶을 견디는 게 믿음의 인내이다. 혀의 맛은 꿀 같이 다나 배에서는 소화가 안 될 정도로 쓰다면서(계10:10) 물질 세상으로 돌아가는 자는, 위급 상황에 맞추어 뭍과 물 사이를 넘나드는 개구리의 인생을 사는 자이다(출8:1~15). 현상 유지만을 지켜내려는 양다리를 걸친 자가 아닐 수 없다.

성경은 저 높은 천국 지향의 다리이다. 그 인도는 "내가 곧 길이요, 생명이니…(요14:6)."라는 말씀의 주인이신 예수께서 이끄신다. 영혼 구원의 씨앗인 이 말씀을 통하지 않는 천국 운운은 허공에 흩어지는 외침에 불과하다.

누군가의 손?

"차가운 손을 녹여 주는 또 다른 누군가의 손."

웃음은 친절의 첫걸음이다. 존경심은 사랑의 기초이다. 사람의 관계는 신뢰를 둔 선망에서부터 출발한다. 계산적인 이익이 떨어진다거나 손실이 내다보인다며 약속된 신의를 아무렇지 않게 일방적으로 가볍게 깨는 것은 인간도리 상 옳지 않다. 나타나는 행실보다 비밀스럽게 감춰져 있는 나만의 지혜. 실타래가 엉킨 듯이 복잡한 머리보다 한 가지 일을 곱씹는 단순성, 민낯이 곧 벗겨질 것처럼 보이는 위장의 꾸밈보다 어딘가 모자라 보이는 듯이 수줍음 머금은 진실한 인간미이다.

자기 인식은 존재 발견의 시발점이다. 고통이 수반되는 자기 병의 원인을 알기 위해 공부하다 의사 또는 약사가 되는 사람이 있다. 깊이 파려면 삽질의 범위를 넓게 잡아야 한다. 경험은 창의력을 높여 준다. 웃음기를 잃은 얼굴에서는 만족감을 읽어낼 수 없다. 일이 없는 사람은 생산을 내지 못한다. 일이 땅의 복인 까닭은 자신을 잃어버릴 수 없기 때문이다. 건조해진 자신의 가슴을 촉촉이 적셔 주는 자는 이치를 아는 사람이다. 선함을 통해 이해할 수 있는 업적은 죄악은 파괴를 낳는다는 것이다.

갓난아기의 귀여운 재롱에 손뼉 쳐 주고, 변변치 않은 물건이라 마음에 들지 않아도 불평을 늘어놓지 않고 받아들이는 것이 여유로운 억제이면서 영혼과의 일치이다. 그러나 욕심으로 채워진 사람은 소소한 행복을 모른다. "살리는 것은 영이니 육은 무익하니라(요6:63)."

사랑하는 사람이 생겼다. 달콤한 행복감에 시간을 잊고 산다. 고통이 수반되지 않기를 바라나 깨이기 싫은 평안한 와중에도 힘든 시련을 겪을 때가 있다. 이 긴장을 헤쳐 나갈 슬기로움은 손에 손을 맞잡은 두 사람의 기도이다(약5:13).

영역

중요한 것은 영역의 생각이 어떠하냐다. 모든 생명체는 자기 영역 안에서 지낼 때 평안을 누린다. 마찬가지로 종교도 저만의 특성 교리와 법도 체계를 갖춰 놓고 영적 갈망을 채우려는 신자들에게 고차수(오래된 차나무)와도 같은 따뜻한 맛의 삶을 들려준다.

"그는 우리 죄를 위한 화목 제물이니 우리만 위할 뿐 아니요, 온 세상의 죄를 위하심이라(요일2:2)." 생명복음을 힘차게 줄곧 강조하는 기독교의 평등적 영역은 사랑이다. 사도 요한의 한 걸음 더 나간 호소는 "하나님은 사랑이시라. 사랑 안에 거하는 자는 하나님 안에 거하고 하나님도 그의 안에 거하시느니라(요일4:16)."이다.

진실한 웃음에는 구김 없는 바른 믿음이 자리 잡고 있다. 진실의 영역을 굳이 정한다면 침착성을 띤 선량한 눈빛으로 무엇이 틀렸고 무엇이 불확실한지를 살펴서 구분하는 것이다.

인격의 가장 중심은 가슴이다. 가슴은 모든 감정의 거처이며 실마리를 더듬어 찾아서 잡은 생각을 결정내리는 저울이면서 나와 너의 관계를 형성하는 소통 기관이다.

침착성을 잃으면 자신부터 주체 없이 어지러운 침륜(沈淪)에 빠져든다. 자신을 통제 속에 가둬두지 못하니 남의 사정은 아랑곳하지 않고 마구잡이로 모욕을 쏟아낸다. 이성의 기저인 사리 분별을 송두리째 내던진 정신 파괴의 분노. 방금 전까지 고유했던 인자 모습 악마가 집어삼켰다. 열어둔 귀 안으로 걸러지지 않은 그 막무가내 욕설을 그대로 받아들인 당사자. 기겁을 먹고 공포에 떤다. 시간이 흘렀어도 그때의 감정 분열증 충격의 상처 잊지 못한 당사자. 끝내 하나님을 저버린다.

사람이 무심결에 발설하는 혀의 언어는 평소 내면에 누적해서 쌓아둔 성질의 말투이다. 악담은 분명히 정상적인 믿음을 깨는 영적인 악이다. 그 원인은 육신의 배고픔은 때맞춰 유화하게 잘도 해결하지만, 영적 허기에는 둔감하여 느끼지 못하고 그냥 흘려 넘기는 데서 온다. 물질 세상에서 미련하기 짝이 없는 바보스러운 신앙인들의 수가 날로 줄어드는 현실이 못내 아쉽다.

인생살이 오래이면 그 무게에 따른 권태 성 짜증이 심해진다. 어린아이(마18:3)들의 천진난만한 웃음과 개구쟁이 장난을 옛 추억으로 묻어버린 어르신들의 고질한 마음의 병이다.

연륜이 깊을수록 기질이 보수적으로 굳어지는 이유는 왜일까? 산전수전의 전 과정을 등 뒤로 미뤄낸 노인들 모임의 얘깃거리는 아득하게 멀어진 기억 저편의 6·25전쟁 또는 맨발의 청춘으로 넘었다는 보릿고개 시간으로 되돌아간 과거의 회상이다. 그중에는 특히 젊은이들에게 꼭 들려주고 싶어 하는 경험담도 들어 있다. 그러나 젊은이들의 귀는 오늘 막 출시된 새로운 기기나 발명품만을 좇고 있다. 그래서 노인들은 또 다르게 고달픈 추위인 서릿발 같은 외로움을 머리 위에 얹고 있다.

고독한 외로움은 귀를 열게 한다. 그렇게 얇아진 귀는 무슨 소리든지 들으려는 호기심부터 키워 오른다. 바람에 흔들리는 숲의 소문을 목을 빼고 듣기도 한다. 그래서 노인들은 지각을 뺏는 청산유수의 열변에 쉽사리 속아 넘어간다.

"다른 복음은 없다. 다만 어떤 사람들이 너희를 교란하여 그리스도의 복음을 변하게 하려 함이다(갈1:7)."

건강한 신앙

"건강한 웃음이 밝으니 내 마음이 흡족해진다."

신앙인들의 마음가짐은 자신이 하나님 앞에서 바른 생활을 하는 성도인지 돌아보는 것이다. 반성은 자신만 아는 만물의 감정을 헤아리는 점검이다. 반성이란 자신의 실언(약3:10)이 도화선이 되어 상대방의 안색이 검게 흐려졌으니 그에 대한 벌의 책임은 마땅히 져야 하지 않겠냐면서 용서를 구하는 행위를 말한다. 회심(回心)은 성찰의 발판이다. 그러면서 그리스도에게로 자라 가는 것이다.

교묘한 말은 미덕을 헤친다. 음습한 말 역시도 안색을 어두운 빛으로 물들게 한다. 나는 신실하지 못하다는 증언이다. 여기저기 나돌아 다니며 절친인 척 아첨을 떠는 사람의 입술은 정직하지 못하다. 이런 사람에게 만일 재판에서 증언해 달라고 하면 밥을 샀느냐, 안 샀느냐 등의 기준을 들먹이며 유, 불리를 선택한다. 양심을 속이는 저울이다(잠11:1).

물과 성령으로 거듭나지 못한(요3:5) 이름뿐인 표면적인 교인들은 재직 투표 때도 이 방법을 써서 교회의 장래를 어둡게 한다. 교회는 사랑으로 오래 참으며 온유한 믿음으로(고전13:4) 덕(고전14:4)을 세우는 일꾼이 많아야 건강해지는 것이다.

먼저 의를 구하라

'형통'과 상반되는 단어인 '불통'은 오만상을 찌푸리게 한다. 무릎까지 꿇게 하는 고통은 진정으로 어깨를 짓누르는 무거운 짐이다. 고통은 그동안의 노고를 쓸데없게 만든다. 가시밭길을 걷는다는 기분을 떨치지 못하게 한다. 신을 신었는데 맨발인 양 발바닥을 찌르는 가시 통증에 짧은 거리도 대단히 힘겨워한다. 마음이 괴로우니 혀도 굳어서 말문을 제대로 열지 못한다. 지각이 막혀 주목이 뿌옇게 흐려지니 원망 어린 하소연이 절로 새어 나올 법한 낙담의 배후가 아닐 수 없다.

교만, 물질 숭배, 거짓 등 이른 바 올바른 신앙 성장에 고질적인 천적인 인간 병을 고쳐 주시려 하나님께서 선택적으로 내리신 시련의 연단은 진정 쓰다. 연단의 궁극은 오래 참음이다. 시련은 깨닫는 구원의 길목이다. 고난의 속성에는 주님께서 나의 이름을 부르신다는 뜻이 담겨있다(행9:4).

"어떤 길은 사람이 보기에 필경 아름다우나 하나님 편에서는 그게 아니라며 눈을 감아 버리신다(잠20:24).", "평안을 너희에게 끼치노니 나의 평안을 너희에게 주노라. 내가 너희에게 주는 것은 세상이 주는 것과 같지 않다(요14:27)."라는 말씀에 정면 배도

되기 때문이다. 자신의 무거운 짐을 십자가 밑에다 내려놓는 낮음의 부인이 은혜의 지름길이다. 넓게 받아들이는 생각이 성취감의 원천인 것이다.

세례로 합하여(롬6:3) 내 안에 계시는 예수(눅17:21)를 은밀한 골방(마6:6)기도로 나의 나로서 체험하려 하기보다 유명 목사의 설교만을 들으려 이 기도원, 저 기도원을 찾아다니는 발품팔이는 시간과 물질을 허비하는 일이다. 교회 생활 오래인 성도일수록 이 습관에 젖어 있다. 하나님의 품격인 성결을 입은 양 그 거룩함을 임의로 더욱 돋보이게 하려는 이중, 삼중의 낭비된 포장을 벗겨내야 한다. 이런 사람의 기도 표준은 "장사 잘되게 해 주세요.", "내 자식 돈 많이 벌게 해 주세요."에 온통 맞추어져 있다. 상천하지의 하나님께서는 말씀을 듣고(계3:13), 기도로 응답을 기다리는 지금의 자리에서 나와 마주하시기를 원하신다(마6:6).

자녀가 부모님 편의를 배려하기 위해 이모저모를 살피듯이, 대속을 입은 성도들의 보답은 주님의 말씀에 초점을 맞추는 삶이다. 쉬운 예로, 도끼에 손 자루를 새로 맞춰 끼우려면 그 나무 자루 끝을 도끼 구멍에 맞춰서 깎으면 된다. 진정한 믿음의 몰입에서 영적인 능력이 부각되는 것이다.

"너희는 먼저 그의 나라와 그의 의를 구하라(마6:33)."

은혜에 보답하는 성도

흙으로 빚어졌기에 죽으면 원토(原土)로 되돌아가야 할 인간은 질그릇처럼 약하다. 그 나이도 길면 백세요, 짧으면 팔십이다. 하나님을 아는 시기는 빠르면 빠를수록 뼈대가 굵어진다. 신세대 부모는 "세상을 이처럼 사랑하사 독생자를 보내 주신(요 3:16)" 하나님의 고유 이름을 자녀들의 손목과 미간에 새겨 줘야 한다(신6:8). 선한 행실과 바른 의를 본받게 하여 그리스도인에게까지 자라 가게 해야 한다(딤후3:16). 구원의 보증이기 때문이다.

"자녀들아, 잘 먹고 돈 많이 벌어야 한다."라는 물질론 적 주입은 하나님께서 기뻐하시는 교육이 아니다. 역경과 고난을 독립적으로 어떻게 극복해야 하는지를 가르쳐 주는 것이 부모의 기도이어야 한다. 돌부리에 걸려 넘어질 적마다 부모가 일으킨 도움만을 받은 아이들의 성정은 여리다. 감쌈을 받기만 한 유복한 아이의 존재 가치는 유약하다. 아무것도 안 해도 된다는 무사안일을 부추기는 과잉 애정은 아이에게 나쁜 버릇을 길러 주는 것과 다를 바 없다. 어떤 위기에 직면할지라도 믿음을 사수해야 한다는 의지를 갖게 해야 한다. 오늘도 그저 살아가는 안주자는 내일 역시도 생기 마른 눈빛으로 맞이할 수밖에 없다.

강한 자의 손의 기운은 힘차다. 뜻이 따뜻하며 그가 내민 손길도 따뜻하다. 그리스도인은 나만 잘 먹고 잘살며 기름배를 불려서는 안 된다. 사회의 빛과 소금자로서 영적 복을 나누는 생활을 즐겨야 한다(행20:36).

언제든

"생각만큼 쉽지 않은 게 심경 변화이다."

인파들로 북적거리는 도심에서든, 바다에 둘러싸인 외로운 섬에서든 심령의 불안을 안 느끼는 사람은 없다. 삶의 한계점이다.

상실감에서 일어나는 불안은 사랑 밖에 혼자 떨어져 있을 때 걱정으로 밀려드는 현상이다(요일4:18). 밥술을 아기의 입에 넣어주는 엄마도, 기운이 처진 이웃의 등을 두들기며 용기를 내라는 의젓한 사람도 그러면서 나름의 불안공포에 시달리고 있다.

불안에는 영적 불안과 육적 불안이 있다. 전자는 하나님을 예배하면서 형제를 미워하는 괴로움 때문이고(요일4:20), 후자는 식구들의 배후 기도를 무시하고 장사의 이익만을 좇는(약4:13) 경우이다. 두 성질 다 사계절의 영향을 받는 육신의 연약이라 언제든 또는 한계점에서 변화를 맞이할 수 있다.

경건의 훈련 과정인 가난

명예와 영광은 겉 자랑이지, 영적 힘인 경건과는 아무런 관련이 없다. 가난은 운신을 조이는 핍박 그 자체이다. 세상은 가난을 아름답게 보지 않고 도리어 지독할 정도로 미워한다. 사회는 가난을 멸시와 천대를 앞세워서 극구 밀어낸다. 그토록 비극적인 약자 취급을 받는 가난한 자의 가슴에는 눈물이 마를 날이 없다. 끼어들어 함께하고 싶은 일에서 소박 당한다는 속 쓰린 감정에 우는 횟수가 참으로 많다.

가난은 자신부터 의지를 꺾고 들어간다. 가난은 자신부터 무력감을 감추지 못한다. 가난은 분명 생활의 여유를 빼앗는 악독이다. 일상생활이 옥죄이게 궁핍하니 경비가 많이 드는 먼 거리 여행은 꿈도 꿀 수 없고, 산책은 돈 안 드는 둑길을 걷는 것이 고작이고, 이후 머리 숙인 채로 좁은 문(마7:13)으로 들어가 여장을 푸는 정도이다.

하나님께서 '선택적 은총'으로 내리신 가난에는 그의 깊으신 사랑이 있다(요일4:10). 신원을 건져 주시는(욥5:15) 보증이 있다.

누구를 상해한 중대 범죄를 저지른 것도 아닌데 괜한 두려움에 떠는 가난한 성도. 어디로 향해 가다 순간의 부주의로 혹 흘리거나 놓치기라도 할까 봐 꼭 움켜쥔 손아귀 한 닢의 동전이 불덩이처럼 뜨거운 무릎의 기도 자.

가난한 자의 기도는 간절하다. 가난한 자는 남의 믿음으로 기도하는 것이 아니라, 제 심장을 찢어서 애통한다. 의존 대상이 오직 하나님뿐이므로 그 호소가 땅과 하늘이 울리도록 애절하다. 그래서 예수께서는 하나님을 경외하는 정심(情深)과 전혀 무관하게 지갑을 열어 체면치레 헌금만 한 부자의 차가운 손길보다 더 큰 하늘의 칭찬을 내리셨다(막12:44, 눅21:4).

과학 기술을 발전시켰고 자본주의로 삶의 질을 높인 기독교는 자연 파괴의 주범이다. 인간은 공포의 두려움을 해소하기 위해 집단을 조성한다. 그 가운데서 이해 갈린 충돌이 발생하면 이내 드잡이 행패를 부린다. 그렇게 못되고 나쁜 행실들을 억제시키며 겸손한 믿음의 사람으로 거듭나게 하는 곳이 교회이다.

교회는 스스로 질이 나빠지는 방향으로 흘러가고 있다. 어마어마한 큰돈을 들여 호화로운 주식회사 건물만을 설계하며 지어 올리고 있다. 머리이신 그리스도께서는 안 계시고 사람들의 메아리만이 공허하게 난무하는 뼈대뿐인 교회. 외형은 과시에 불과하다. 나라의 뿌리인 성스러운 교회마저 물량 사치에 놀아난다는 지탄을 받고 있는 이유이다. 과연 어떤 심판이 내려질 것인지?

영토를 넓히는 지상의 명제보다 예수의 모범적인 삶을 이 땅에 정착시키는 게 교회의 사명이다. 교회는 '퍼스트네임 클럽(유명한 사람을 들먹이며 자기도 대단한 사람이라 착각하는 사람들의 모임)'의 양육소가 아니다.

로마제국의 임명으로 유대 나라의 통치를 맡은 헤롯대왕은 유대인들로 하여금 기어이 분노를 폭발하게 만들었다. 유대인들이 3대 축제일인 유월절, 오순절, 초막절 무렵에 각 지역에서 대거 몰려들어 행사 예배를 드리는 예루살렘 대성전 정문에 황금 독수리 조각상을 세운 것이었다. 영적으로 끌어당기는 신성한 기운이 없어 성전이랄 수 없는 그 화려한 건축물이 반사해내는 강렬한 광채에 눈을 돌릴 수밖에 없게 된 유대인들은 모세의 십계명 중 두 번째 계명인 '우상 숭배 금지'에 저촉되는 분개를 도무지 이겨낼 수가 없었다. 동시에 자긍심과 소망의 중심지인 성전에 로마제국 권력자들의 먼지바람만이 휘날릴 뿐임을 분명하게 목도했다.

어느 한 날 정오 무렵에 사십여 명의 젊은 유대인들이 곡괭이 따위의 연장을 들고 성전 지붕에 올라가 밧줄로 묶은 그 황금 독수리 조각상을 끌어 내렸다. 유혈 사태가 벌어졌다. 그 촉발로 인해 세계사에 길이 남은『유대 전쟁사』가 그 당시 갈릴리 지역의 사령관이었던 요세푸스의 펜 끝에서 쓰였다. 유대인들의 반란 사건은 4년 동안 이어졌으며, 기원 후 70년에 헤롯대왕의 증손자인 아그리파 2세에 의해 완전히 멸망하여 세계 각지로 흩어지는 계기가 되었다. 왕가의 피가 흐르고 스물네 개의 제사장 직분 중 최고위직에 있었다는 플라비우스 요세푸스의 기록에 따르면 약 110만 명의 사상자가 발생했다고 한다. 세속 목회자들은 한술 더 떠 가난을 죄악시하며 어서 큰 부자가 되어 천국 창고를 채우라는 직위 연연의 기복설교를 연일 외치고 있다. 이는 성서에 위배되는 말장난이다.

교회 운영의 핵심은 원죄 교리와 십일조 강조이다. 이 두 기둥을 빼내면 교회존속은 불가능해진다. 엄밀히 말하면 첫 사람인 아담의 언약 파괴는 예수께서 십자가에 흘리신 피로 이미 깨끗이 씻김 받았으며(고전11:25), 십일조는 예수 사랑이 강조되는 신약 시대와는 무관한 모세 율법의 제도일 뿐이다. 사도 바울은 "생명의 성령의 법이 죄와 사망의 법에서 너를 해방하였음이라(롬8:2)."로 "그리스도는 모든 믿는 자에게 의를 이루기 위하여 율법의 마침이 되시니라(롬10:4)."라는 논리적인 증언을 남기지 않았던가. 즉, 문자로 된 율법은 더 이상 아무런 구속력이 없다고 했다.

모세의 자리에 앉은 서기관과 바리새인(마23:2)의 물질집착 모습에는 속인이라는 욕이 따라다닌다. 돈 지갑이 회개해야 진정한 회개이다?

경건의 훈련 과정인 가난은 결코 죄가 아니다. 그 탈출의 몸태질 없이 게으른 나태에 계속 누우려는 데서 힘든 시절이 끊이지 않는 것이다.

가난을 죄인 취급하며 낮춰 보는 또 다른 한 축은 "돈이 곧 인생의 전부이다."라고 호들갑 떠는 시정잡배들이다.

노여움은 불평불만의 감정 표시이다. 생리적인 욕구를 포함한 자신의 요구에 반하는 그 어떤 불성취감에서 드러내는 사나운 성질이다. 나를 넘어트리려는 적은 내 안에서 속삭이는 간신배이다. 과거는 어제로 지나갔다. 중요한 날은 숨 쉬고 있는 바로 오늘이다. 내일 일을 미리 염려하는 것은 소견에서 나온다(고후 6:12). 진정한 믿음 속으로 들어가려면 그 안에 고이 감춰진 씨앗의 의문부터 푸는 데 집중해야 한다. 반대로 의문이 적거나 없다면 그만큼 접근 의지가 한층 약해졌다는 뜻이다.

하나님께서는 자신을 흔들어 깨울 믿음의 창조자를 두루 찾고 계신다. 기회는 살려내는 자의 몫이다. 가난을 저주가 아니라 하나님의 깊으신 은혜의 채찍으로 수용한 성도는 그 환경을 타고 저 높은 소망의 꿈을 키운다. 장차 사회의 주요 지도자로 우뚝 서리라는 믿음의 지향을 품고 뼈마디가 시린 오늘의 고생을 견뎌낸다.

목자의 상

"성도들을 지옥으로 소개하는 거짓 영들이 판을 치고 있다(요일4:1). 성직을 아무에게나 붙일 수 없는 이유이다. 거룩한 성직은 사사로운 생활을 떠나 오직 하나님께 몸과 마음을 바친 영적 수행을 말한다. 공중의 새들도 하나님께서 기르신다(마6:26)는 결백한 믿음의 소유자라야 참된 목자상이다."

목자의 상

'나는 누구인가? 나의 참된 정체는 무엇인가?'

우리는 "진리의 말씀 곧 너희의 구원의 복음을 듣고 그 안에서 또한 믿어 약속의 성령으로 인침을 받은(엡1:13)" 한 형제자매 된 영적 식구이다. 그러므로 우리는 "인생을 높이시기도, 낮추시기도 하시는 주님(삼상2:6)", "아버지께서 내게 하라고 주신 일을 내가 이루어 아버지를 이 세상에서 영화롭게 하였사오니(요17:4)."라는 헌신의 기도를 드림이 마땅하다.

하나님은 자신을 믿음으로 찾고 찾는 성도를 눈여겨보신다(마7:8). 내다보는 시야가 고작 발과 콧잔등뿐인 미시의 눈길을 들어서 보다 큰 역사적 운동인 하나님 나라와 의를 구하는 기도(마6:33)에 힘쓰는 성도에게 측량할 수 없는 신령한 은사를 내리시려 헤아리며 계신다.

목사의 소명은 성도들 앞에서 선도적으로 예수의 십자가를 짊어지고 골고다 언덕을 오르는 것이다. 제자 또는 종으로서 마땅히 그 자취를 밟아야 하는 게 관례이다.

같은 입술의 외침일지라도 십자가 구원에 대한 확신이 흔들림 없이 견고한 영적 사도의 설교에는 은혜의 감동이 넘친다. 반대로 나의 체험적 간증일 수 없는 독서나 집단적 세미나 등에서 얼핏 얻어들은 지식으로는 그런 능력이 나타날 수 없다. 인기를 끌 멋진 설교를 위해 이리 다듬고 저리 다듬은 설교에는 의도와는 정반대로 하나님과 멀어지게 하는 현상이 나타날 수 있다. 알고 있는 쉬운 예를 들어서 하는 설교가 오히려 깨우는 은혜를 입게 할 수 있다.

영혼 구원의 내용을 담은 설교는 언어이다. 우주는 수많은 구체(球體)로 이루어져 있으며 그 너머에도 또 다른 구체가 있다. 빈 곳이 없다. 그러나 우리의 언어 표현은 그것을 끄집어내는 능력이 참으로 좁다.

무색무취, 적당한 안주의 값으로 봉급날만을 기다리는 목사에게서도 심금을 울리며 가슴을 찢어 애통하게 하는 파격적인 설교를 기대해서는 안 된다. 그런 목사가 가진 또 하나의 문제를 지적하자면 따끔하게 일러 주는 성도를 꺼린다는 좁은 미간이다. 당분 섭취가 치아 부식의 원인이듯이, 칭찬 일색은 신념을 부패시킨다. 자칫 그 긍지가 허영심에 빠져들게 한다.

목사는 홀로 된 외로움 가운데서 영적 능력이 강건해진다. 심령을 꿰뚫는 영성이 살아난다. 하나님의 속성은 성령의 사람만이 알 수 있고, 온몸으로 하나님을 찬양하는 자만이 믿음이 가장 사람답게 한다는 대언을 할 수 있다.

목사는 하나님과 성도 사이의 중보자이다. 중보자는 옳고 그름을 가리는 사리 분별이 뛰어나야 한다. 냉철한 판단이 기본이며 한편으로는 한쪽으로 치우치는 개인감정을 경계해야 한다. 일정한 방식은 신중한 주의력에서 나온다. 성도의 골치 아픈 문제가 하나님께 얼마나 부합하는지를 살피는 영적인 해답은 사람에게서 나오는 것이 아니라 오직 성령의 지혜에서 임해진다. 억지로 그 영역을 넘어서려 한다면 사람의 물력으로 몰아붙이는 것이다.

가장 높은 곳까지 밀어 올렸다가 가장 낮은 곳으로 빠르게 추락시키는 맹신의 사람들은 변덕이 아주 심하다. 사탕을 물려주는 목사를 전능하신 하나님처럼 떠받드는 헹가래를 마다하지 않는다. 문제는 그 열렬에 쉽사리 취하는 여린 심정이다. 성경 몇 구절을 끼워 넣은 사람의 설교가 나올 수밖에 없는 이유이다.

축복의 권능은 가난하게도 하시고 부하게도 하시며 낮추기도, 높이기도(삼상2:7) 하시는 하나님의 절대적인 권한이다. 물론 안수 받은 목사가 대리로 집행할 수는 있다. 그렇지만 이는 하나님과의 신성연합이 굳건할 때 나타날 수 있는 실상이지, 성도들로부터 받을 대접 다 받고 하늘로 상달되어야 할 그들의 영광마저 권력자의 위상으로 중도에 가로챈다면 그 효력은 나타나지 않을 수 있다. 이미 자기 상을 받았기 때문이다.

언어만으로 이루어지는 지배는 독선이다. 영적 이기주의는 내 말이 곧 구제의 축복이니 무조건 믿으라는 억지 강요이다. 인기

영합에 맞추어진 설교는 울리는 꽹과리(고전13:1)에 불과하다. 위세를 부리면 군림의 유혹에 얽매이게 된다. 목사의 고유한 인격은 특별하게 뛰어나려는 외적 추구가 아니라 내실을 다지는 겸손한 자세의 섬김이다. 나 아닌 이타심으로 한 지체가 된 예수의 신분은 희생적인 사랑이었다.

성도들을 지옥으로 소개하는 거짓 영들이 판을 치고 있다(요일4:1). 성직을 아무에게나 붙일 수 없는 이유이다. 거룩한 성직은 사사로운 생활을 떠나 오직 하나님께 몸과 마음을 바친 영적 수행을 말한다. 공중의 새들도 하나님께서 기르신다(마6:26)는 순수하면서 결백한 믿음의 소유자라야 참된 목자상이다.

목사 또한 이 땅의 소산물을 먹는 여느 인간과 다를 바 없는 똑같은 생활인이기에 언제든지 그릇된 판단을 내릴 수 있다. 그래서 목사의 직위는 성직보다 성경교사가 맞다. 목사가 지켜야 할 덕목은 성경 구절을 장사로 팔지 말아야 한다는 것과 성도와는 일정한 거리를 두어 편향에 치우치지 말아야 한다는 두 가지이다. 교회 역시도 사람들이 모여야 존립할 수 있다. 영의 목사가 아닌 사람의 목사도 얼마든지 외세를 키울 수 있다.

은혜의 열쇠

침묵의 시선은 관조가 뛰어나다. 관조에서 한 발 더 나간 도전은 미세한 움직임의 포착이다. 몸집이 아주 작아 육안으로 볼 수 없는 병원체는 정밀 렌즈로 들여다봐야 정체를 알 수 있다.

침묵은 아직 듣지 못하고 있는 주님의 말씀을 기다리는 겸손이다. 바알 신 숭배자인 이세벨의 서슬 퍼런 칼날의 살기를 피해 하나님의 산인 호렙산 한 동굴에 몸을 숨긴 엘리야는 기도 외에는 다른 길을 선택할 수가 없었다. 그는 바알 선지자 사백오십 명을 여호와의 이름으로 물리친 불의 선지자답지 않게 자신의 생명을 빼앗기 위해 자신을 찾는 왕후를 몸이 떨도록 두려워했다.

여호와의 말씀에 따라 굴 어귀에 나와 선 그의 앞에 산을 가르고 바위를 부수는 강한 바람이 일었다. 이어진 지진 후에는 불길이 타올랐다. 놀라운 예상 밖의 두 사건 가운데에는 여호와께서는 계시지 않았다. 여호와의 세미한 소리는 화염 뒤에나 들을 수 있었다.

상대방의 말을 들으려면 나는 입을 다물고 있어야 한다. 두 입의 말이 한데 뒤섞이면 무슨 말인지 분별이 쉽지 않기 때문이다.

내 안이 시끄러우면 바깥의 고요도 시끄럽다. 어두운 침묵은 무겁고 평안의 침묵은 가볍다. 침묵은 은혜의 손을 잡게 하는 열쇠이다.

병든 생명력

"너는 물을 길어 에워싸일 것을 대비하며 너의 산성들을 견고하게 하며 진흙에 들어가서 흙을 밟아 벽돌 가마를 수리하라(나훔3:14)." 무슨 뜻일까?

불의한 물질 시대에 편승하여 안락을 좇는 것은 하나님을 향한 믿음이 아니다. 하나님의 말씀을 듣고 신앙 무장을 좀 더 갖춰 보겠다는 결심보다 사람들의 말을 더 즐기기 때문이다. 신앙인의 죄는 "내가 진실로 너희에게 이른다. 나를 영접하는 자는 나를 보내신 이를 영접하는 것이다(요13:20)."라는 말씀과 거리가 먼 방탕한 생활이다. 우상은 하나님보다 우위에 두고 섬기는 행위를 말한다. 하나님께 속한 자는 하나님의 말씀을 듣는다(요8:47). 또한 예수의 이름으로 무엇이든지 구한다(요14:14).

가장 빈약한 두뇌는 가장 완고한 편견의 창고이다.

교회가 날로 신뢰를 잃어가는 이유 중의 하나는 세속으로 빨려드는 속도가 빨라지고 있기 때문이다. 성스러운 거룩한 묵상보다 사람들의 목청으로 가득 찬 교회는 교회일 수가 없다. 차별을 두고(약2:1~4) 저희끼리 종속으로 모여 앉아 시간을 보내는 장소는 공원이지, 하나님의 집은 아니다. 병은 생명력을 잃게 한다.

구원의 믿음

집중력은 정신건강에서 매우 중요한 건각이다. 정신력이 저하되면 연속적으로 직면하는 어려움에 대한 대처 능력이 떨어질 수밖에 없다. 필자의 경우에는 수면 부족일 때 정신적인 사기가 극도로 낮아지는 경향을 겪는다.

"세상에서 가장 먼 거리는 머리와 마음 사이이다."라는 말이 있다. 지천(地天)도 아닌 나의 한 지체 안의 두 인체 기능인데, 이 말이 내포한 의미가 쉽사리 해석되지 않는다.

글을 쓰는 일에도 두 부류가 있다. 머리로 쓰는 사람과 마음으로 쓰는 사람이다. 머리에서 나오는 글은 가르치는 지성의 방향이고, 마음에서 나오는 글은 다른 마음과의 소통이라 친밀하다. 믿음 역시도 머리로만 들으면 차갑게 따져 드나, 입술의 시인은 구원의 은총을 입는다(롬10:10). 기민한 천재적인 머리가 뒷받침된 기억력이 밀어주는 빠른 깨달음이라고 한다면, 좋은 마음(땅)은 뿌린 씨앗대로의 수확이라고 할 수 있다(갈6:7).

빛이 만물의 성장을 이끄는 것과 같이 건강한 자의 광채는 상대방의 마음을 밝게 한다. 성령을 입은 사람의 정형적인 아름다움이다.

과학의 적은 기독교?

모든 생물에는 그 씨앗인 유전자가 있다. 2002년은 DNA가 발견된 지 50주년이 되는 해였다. 생물이 가진 다양성의 기초를 넘어 암과 같은 심각한 인체의 병들을 유전자로 치료하는 데 있어서 결정적인 해결책을 낸 생물 과학의 출발을 기념하는 날이었다. 이 자리에서 "DNA의 발견으로 하나님은 더 이상 필요 없게 되었다."라는 선언으로 종교에 폭거를 퍼부은 두 과학자가 있었다. 생명의 정보인 기초질병의 치료 희망을 밝히는 데 핵심적인 공헌을 한 제임스 왓슨(James Watson)과 프랜시스 크리크(Francis Crick)다.

성경은 이성의 눈으로 보면 도무지 이해가 되지 않는 신화적인 장면이 더러 있다. 대표적인 예가 예수의 성령 잉태설이다. "믿음은 바라는 것들의 실상이요, 보이지 않는 것들의 증거(히 11:1)."라는 구절을 곧이곧대로 믿으면서 지상의 철저한 물신주의를 경멸하는 토굴 유리의 성도들이 은혜에 해를 끼치는 불신거리를 뭘 그리 따지고 드느냐는 반론으로 내거는 본향 증언과는 별개로, 연구 실적의 입증을 중요시하는 과학자들은 성서의 오류 발견에 사활을 걸고 있다. 성경의 비과학적인 부분을 부각시켜야 그려지지 않는 상상적인 미신이 타파된다는 암묵이다.

과학의 기초인 정보는 본래 있었던 그 무엇의 발견에 지나지 않는다. 그 토대에서 작업자의 안목에 따른 설계가 그려지는 것이다.

신앙의 유무를 떠나서 성경은 그 자체로 하나님의 말씀이다. 문학적인 표현을 빌려 기록된 성경이 어떻게 인류 역사에 희망의 등불이 됐는지는 오묘하긴 하나, 성경은 하나님의 감동으로 기록된 은서(恩書)임에는 분명하다(딤후3:16).

기독교 목사들의 생계 수단이 됐다는 비난이 거세다 할지라도 성경은 바른 의와 선한 일을 행하게 하는 교회 존속의 전부이다. 그 성경의 약속들이 하나씩 현실로 성취되어 가고 있는 오늘날을 보면서 말씀 안으로 모이기를 힘써야겠다(히10:25).

위로

마음이 비단결처럼 여리게 착하여 견디기 힘든 어려움에 처한 이웃을 돕고 싶으나, 병을 낫게 하는 신유 은사라 할지라도 누군가에게 쌀을 사 줄 돈조차 없다면 그 자리에서 할 수 있는 일은 발을 동동 구르며 안타까워하는 것밖에 없다.

오늘의 행동이 내일의 선례가 되는 경우가 많다. 몸과 생활이 현실에 너무 익숙해져 있으면 절박함을 잃게 된다. 이상의 꿈이나 오르지 못할 나무는 아예 포기하는 나태함도 동반적으로 나타낸다. 안팎이 전혀 다른 자신의 두 모습이 아닐 수 없다.

연륜은 습관을 좇는 버릇을 만들어 준다. 어떤 상황에서든 별수단을 쓰지 않고도 대처 방법을 알 수 있다. 목사라면 입에 붙은 성경 구절 또는 기도로 고통으로 우는 성도의 눈물을 위로한다. 하나님의 인간적인 별명은 '위로'이다(고후1:4). 위로는 고난을 견디게 하는 정신적인 힘이다. 다윗은 사울의 살해 위협으로 인해 미래를 그리는 안전한 생활을 누릴 수가 없었다. 그때마다 사울의 아들 요나단이 다윗의 신변 보호를 도왔다. 두 사람은 끌어안고 같이 운 뒤 "여호와께서 너와 나 사이에 영원히 계시고(삼상20:42)…."라는 구절로 위로의 우정을 다졌다.

목사의 아들인 빈센트 반 고흐(Vincent van Gogh, 네덜란드 출신, 1853~1890년)는 '가난한 이들의 화가'이다. 그림으로 가난한 사람들을 위로한 화가이다. 어느 날 저녁에 그는 들판에서 그린 농촌 풍경의 그림 몇 장을 안고 아버지 집으로 돌아가는 길에 문이 열려있는 한 집 안으로 발을 들였다. 낯익은 일가족들이 불빛 흐린 식탁에 둘러앉아 밭일을 마친 작업복 차림새로 찐 감자를 먹고 있었다. 마가의 다락방에 모여앉아 떡을 나누는 초대 교회 성도들의 모습을 연상케 하는 장면이었다. 빈센트는 즉각 '바로 이거다!'라는 영감을 얻고 무릎을 쳤다.

〈감자 먹는 사람들〉(1885년 작품) 유채 대작은 부친의 별세 직후 완성되었다.

하나님의 깊으신 섭리

“진리를 알지니 진리가 너희를 자유롭게 하리라(요8:32).”

모든 생명체는 아무것에도 속박되지 않는 자유를 갈망한다. 누구는 심신의 피로로 지긋지긋해진 일상에서의 탈출을 열망하고, 누구는 자기가 할 수 있는 일이 아무것도 없어서 다른 손길이 떠먹여 주는 밥술을 침상에 누워 받아먹어야 하는 병마와의 싸움에서 해방을 열망할 것이다.

돈과 직접 연관된 직업은 삶의 윤택을 안겨 준다. 요람에서 무덤까지 연속적으로 쓰이는 돈은 현대 문명을 양성할 뿐만 아니라, 자라는 아이들에게 더욱 개선된 교육 환경을 제공해 주기도 한다. 올바른 인성은 교육에서 비롯되는 것이니만큼 교육에 대한 투자는 아끼지 말아야 할 것이다.

쫓기는 매일의 출퇴근에 매여 시간 사용이 여유롭지 못한 도시인들은 심정이 메말라 있다. 주5일 근무제로 하루 정도의 시간을 벌어두었기에 권태에 따른 짜증스러운 일상에서 마음먹은 대로 벗어날 수 있게 되었다고는 하나, 무한한 자유와는 여전히 거리가 먼 편이다.

사람은 저마다 종교심을 품고 있다(행17:22). 내가 아닌 전능자로부터 고달픈 삶을 보음 받고 싶다는 그리움의 품앗이다. 프랑스 작가 빅토르 위고의 "종교는 사라져도 하나님은 영원하시다."라는 선언처럼 그들은 비록 종교 행사에는 참여하지 않더라도 신앙의 그루터기가 남아있는 한 신을 찾는 의지는 변하지 않을 것이다. 그 한 톨의 품앗이로 자신만의 하나님을 만날 수 있기 때문이다.

하나님께서는 개인별로 구원받은 성도들을 홀로 방치하지 않으시고 공동체 교회로 들어가게 하신다. 교회는 세속으로부터 영적보호를 받을 수 있는 선별의 장소이기 때문이다.

교회만이 하나님이 계시는 성스러운 장소는 아니다. 오늘보다 더 높은 목표 달성을 향해 창의력을 키우는 각자의 일터도 예배 장소이다.

직업은 사람의 도리를 갖추게 한다. 직무를 수행하면서 하나님의 임재를 체험한 성도들의 수는 셀 수 없이 많다. 느헤미야는 바사제국 아닥사스다(기원전 464~424년경)왕의 술관원장 신분을 넘어 예루살렘 총독으로서 무너진 예루살렘을 재건하는 데 주도적으로 헌신했다.

매미 소리가 싱그러운 밤나무의 줄이 풀린 줄 알게 된 수소는 제한된 영역을 벗어나 남의 농작물을 마구 짓밟는다. 성이 차오른 밭주인의 돌팔매가 사정없이 날아든다.

맺음의 관계가 성립되어 있지 않다면 그 너머를 알지 못하는 건 당연하다. 하나님께서는 자기 일을 선택적으로 맡길 사람이 경건한 생활과 먼 세속을 제멋대로 헤맬 경우에 병석에 눕게 하시는 때가 있다. 당사자로서는 "왜 하필 나란 말인가?"라고 항변할 수 있다.

강줄기마다 흐르는 물을 저장하는 인공 댐이 있다. 필요시에 물을 끌어다 쓸 요량으로 준비된 저장용 물이다. 이처럼 병석은 잃어버린 나를 찾게 하는 복기(復碁, 바둑 기사가 한 판의 승부를 마친 후 패인의 원인을 분석하는 것)의 장소이면서 하나님께서 나를 쓰시려 준비하시는 거룩한 장소이다.

인류의 영원불변한 은서(恩書)인 성경은 법률·과학·도덕·철학·인문·심리학 등의 참고서이자 구원으로 잇는 나침반이다. 그 말씀 그대로 이끄시는 하나님의 섭리는 실로 놀라울 따름이다.

덧없음의 가치

덧없어 보이는 것이 무한한 영원일 수 있는 것이 자연이다. 봄철 한때 황홀하게 피었다가 이내 시드는 식물 꽃들은 정말 덧없다. 가벼운 바람에도 쉬이 날릴 뿐 아니라, 잠시 잠깐의 쨍쨍 볕에 쉬이 마르기도 하는 한 알, 한 알의 씨앗이 캄캄한 땅속에서 썩어야 비로소 싹의 줄기를 내며 무성한 잎사귀로 푸른 초원을 펼쳐낼 수 있는 자연은 참말로 덧없다. 그렇지만 변화무쌍한 사계절 기후를 짧게는 20년 남짓, 길게는 천 년 이상을 사는 자연의 나무는 그 어떤 생물체보다 삶의 의지가 굳건하다. 한 해 생을 보내며 털어내는 잎사귀의 거름으로 새로운 생명들을 탄생시키는 게 자연의 순환이다. 부동의 원동자(原動者)라 부를 만하다. 그 운행의 주체인 시간 역시도 덧없기는 마찬가지이다. 묵상 역시도 덧없는 행위 중 하나이다.

성도라면 당면한 문제를 안고 하나님께로 나아간다(요14:1). 기도는 하나님과의 친분을 쌓는 도구이다. 친분은 한편으로 치우치지 않고 동질에 맞추어진 보다 밀접해진 관계를 말한다. 평소 때도 양의 문(요10:2)을 자유롭게 넘나드는 성도는 말씀이 운동으로 살아있기에 영적으로 건강할 수밖에 없다(히4:12).

신앙심 역시도 나의 행복에서 출발한다. 오늘의 경험에서 만들어진 법칙은 내일의 생활을 위함이다. 나의 습관은 가족력의 유전도 있으나, 성인이 된 이후에는 자신의 체질에 의해서 형성된다. 성경은 우리의 믿음을 비춰보게 하는 거울이다. 그 앞에서 '나는 누구인가?'라는 질문을 자의적인 감상을 벗고 던져 보라. 나의 정체성이 더욱 체계화될 것이라 믿는다. 하나님의 관점은 설명할 수 없다. 모르는 것이 아닐 수도 있는 내용을 오늘도 은혜를 소망하며 눈길로 한 자, 한 자 읽어 내려가는 성경에서 그 해답을 얻으라는 것이다.

누구에게나 단 한 번만 주어진 고귀한 생명에는 당사자만이 아는 믿음의 비밀이 있다(딤전3:9). 그 신비함을 간수하지 못한 사람은 병의 치료와 더불어 15년의 인생 연장을 받은 은총의 기쁨에 넘쳐, 위로 차 방문한 바벨론의 사자들에게 왕국의 내탕고까지 죄다 보인 히스기야처럼 자신도 미덥지 못하도록 행실이 종이처럼 가볍다는 현실의 벽을 목도하게 된다.

나의 인생의 규모가 큰 그릇이냐, 작은 그릇이냐 하는 속내의 다툼은 성공 지향의 반응이다.

각 사람은 부르심 받은 그대로의 영혼이 있다(고전7:20). 성도의 신변은 하나님께서 지켜주신다(마28:20). "혼은 위로 올라가고 짐승의 혼은 아래 곧 땅으로 내려가는 줄을 누가 알랴(전3:21)."

성도

성도도 육신의 부모로부터 태어난 사람이다. 이방인들과 똑같은 인간이기에 특출나게 구름 위에서 살지 않고, 땅 위의 유형 건물의 집에서 살아간다. 이방인들과 동일하게 땅이 생산하는 소산물을 섭취하면서 세상의 법을 지키며 주어진 일을 한다. 그러므로 병에 걸릴 수도, 사업의 실패도 겪을 수 있는 성도는 완벽할 수 없다. 이들은 무위(無爲), 무욕(無慾)을 넘어 무사(無思), 무심(無心)을 거쳐 무사(無私), 무아(無我), 소위 도를 깨우쳤다는 성인도 아닌 그저 평범한 성도들이다. 단 늘 사건-사고로 신변의 위협이 높은 세상에 예속되지 않으려고 신앙인이 되었다는 신분의 차이가 있을 뿐이다.

강한 의지를 키우는 신념만으로 할 수 있는 일은 지극히 적다. 우리는 교회를 나간다는 이유로 이방인들로부터 언행이나 마음 씀씀이가 달라야 하지 않겠느냐는 공박을 자주 듣는다. 맞는 지적이다. 그렇지만 이는 저희들 표준에 맞춘 일갈일 뿐이다.

성경에 등장하는 수많은 인물은 하나같이 인격적인 결함을 안고 있다. 믿음의 조상이라 불리는 아브라함(열국의 아버지)은 세상의 기준으로 볼 때 근친상간(사라는 아브라함의 이복동생이다)이라는 죄를 범한 사람이자 여종(하갈)을 임신시킨 비윤리적인 사람이다. 또한, 여호와의 오경의 법도를 세워 오늘날까지 이스라엘 신앙으로 기호를 지키게 하는 모세는 애국심이 넘쳐 애굽(이집트)인 살해로 바로 왕과 한 민족에게서도 버림받고 미디안으로 도망쳤던 장본인이다. 그런데도 하나님께서는 아브라함에게는 "경외하는 자(창22:12)."라는 칭찬과 모세에게는 "온유함이 지면의 모든 사람보다 더하더라(민12:3)."라는 칭찬을 부여하셨다. 하나님께서 보시기에 온전하고 정직했던(욥1:1) 욥은 모든 재산을 잃고 정수리부터 발바닥의 종기를 질그릇 조각으로 긁는 고통에 시달렸다.

하나님은 성령과 물로 거듭난(요3:5) 성도들의 존귀를 "나의 모든 즐거움(시16:3)"이라 표현했다. 그들은 삶의 전부가 아닌 세상의 즐거움과 거리를 둔 성도들이다. 그러면서도 세상에 속해 있다. 소위 세상 속의 성도들인 것이다.

물건을 아껴 쓸 줄 모르는 현대인들은 참을성을 잃어가고 있다. 기계가 늦으면 몇 초를 참지 못하고 발로 차버린다. 더욱더 안타까운 현실은 자신의 본 모습이 아니라 얼굴이 많이 알려진 연예인이나 억대의 연봉을 버는 운동선수들을 닮고 싶어서 안달을 부린다는 점이다.

천사를 판단할 권한이 부여된(고전6:3) 성도는 말씀과 기도로 경건(딤전4:5)에 다다라가는 이 땅의 하늘나라 시민권자들이다. 자신이 앞뒤로 어떻게 해 봐도 도무지 풀 수 없는 능력 밖의 문제는 하나님께 맡기는 재주를 습득한 성도들이다. 그렇기에 어렵고 힘든 주변 환경인데도 불구하고 곧은 마음을 잃지 않으려고 늘 미소를 머금고 있다.

하나님의 상처

하나님께서는 태초부터 인간들이 저지른 온갖 모양의 죄악들로 엄청난 상처를 받으신 분이시다. 오죽했으면 "세상을 이처럼 사랑하사 독생자(요3:16)"를 보내셨을까.

"사람이 하는 일은 죄짓는 것이고 하나님이 하시는 일은 용서하는 것이다."라는 서양 속담이 있다. 용서는 지극히 낮은 사랑의 덕목이다. 예수는 그 모범을 인류의 죄를 짊어지신 십자가의 죽음으로 몸소 실천해 보이셨다.

십자가의 구속으로 영적으로 살아난 우리는 죽기까지 복종하신(빌2:8) 예수의 그 사랑을 과연 온전히 함의할 수 있을까? 한마디로 인간 자체로서는 불가능하다. 다만 내 안에서 선한 운동을 하고 계시는 성령의 도움을 받는다면 흉내 정도는 낼 수 있다. 주님의 말씀이 아니면 아무것도 할 수 없는 존재가 바로 하늘나라의 신분을 가진 성도이기 때문이다.

여기서 우리는 인간들이 끊임없이 저지르는 죄질들에 대해 하나님께서 대체 무슨 책임이 있기에 구할 적마다 용서를 내려야 하나 하는 질문을 던져 본다. 선행과 함께 악행을 허락하여 그 사람을 부추겨서 범죄를 저지르게 하였다는 책임 전가를 묻는 것이 과연 옳은 것인지 따져볼 필요가 있다.

언제나 우리 안에 계시는 하나님께서는 분명 악령을 부리심(삼상19:9)과 동시에 목마른 자에게 물을 마시게 하는 선행심도 불러일으키신다(마25:36).

죄는 불만의 싹이다. 자신감이 약해지면 그 틈새를 비집고 존재를 키우는 불만의 성질은 거칠다. 가식을 머금은 거짓도 믿음의 위장이므로 거역 죄를 잉태하고 있는 것과 진배없다. 말씀에 의심을 둔 역시도 불신의 속셈이므로 정죄대상에 해당된다(롬14:23). 마귀의 습성은 분열과 파괴이다.

우리는 위급한 상황에 직면했을 때 하나님의 응답이 늦다는 생각을 종종 갖는다. 잿더미에 앉아 머리카락을 풀어헤치고 미치도록 터져버릴 듯이 몸을 방방 띄우는 때는 불신을 품은 상실감이 더욱더 빨리 밀려든다. 하나님을 중심에 둔 고뇌(고후7:10)보다 그 문제의 매개로 영혼이 새롭게 거듭날 수도 있는 이면적인 함의를 까맣게 잊고 자신의 형편만을 속사포로 외치기만 한다.

가인은 동생 아벨의 제물은 받으시고 자신의 제물을 외면하신 하나님께 심한 불만을 품고 있었다. 안색이 어두워진 가인은 하나님의 그에 따른 질문에도 기분을 풀지 못하다가 들로 불러낸 아벨을 돌로 쳐 죽이는 살인을 범하기에 이른다(창4:4~8).

실족

가룟 유다(로마제국과 광기의 용기로 맞싸운 열심당원의 일원)는 예수의 열두 제자 중 유일하게 참 믿음과는 거리가 먼 세속 사람이었다. 일행들과 한 상에 둘러앉은 식사 때를 제외하고는 늘 별개로 맡은 궤 안의 돈을 계산했다. 급기야 끈질긴 탐욕을 이겨내지 못하고 구차한 살림살이에서도 하나님의 것을 따로 떼어 전도 비용을 보탠 성도들의 성금을 눈치껏 남몰래 빼내 개인 용도로 쓰는 도둑놈으로 전락하고 만다. 사탄은 유다의 그 흑심 가득한 손버릇을 노렸다.

제자들과 한 자리에 둘러앉으신 예수의 심령은 괴로움에 사로잡혀 있었다. 예수는 그 내색을 깊이 감추시고, 적신 떡 한 조각을 배신의 계획을 세워둔 유다에게 건네시며 "네가 하는 일을 속히 하라(요13:27)."라고 말씀하셨다. 유다는 가슴 속에서 호시탐탐 기회만을 노리고 있던 사탄의 활동을 빌미 삼아 한 조각의 떡을 받아들고 밖으로 나갔다. 때는 어두운 밤이었다. "밤에 다니면 빛이 그 사람 안에 없는 고로 실족하느니라(요11:10)."

믿음의 장수는 나의 마음 다스림에 달려있다. 나쁜 습관을 내 안에서 물리치지 않고 그대로 좇으면 발길은 그 방향으로 나아가기 마련이다. 수명을 단축시키는 육신의 연약이다. 우리는 수시로 삼킬 자를 찾아 타락으로 유도하는 사탄의 흉계와 맞싸워야 한다. 기도의 힘(막9:29)만이 우리의 방벽이다.

말씀이 심어진 마음의 밭

바쁜 현대인들은 공허감이 깊다. 돈을 많이 벌어야 한다는 성공 지향의 심리적 압박, 오늘의 실적을 못 채웠다는 실의가 가족을 부양하는 삶과 맞물려 영혼이 메말라 있음을 내려다보게 한다. 그래도 건강에 해를 끼치는 겨울철 삼한사미의 희뿌연 미세먼지가 온통 바닥을 뒤덮은 환경을 거닐면서 '왜 사나?'라는 질문을 자신에게 던지는 것은 그나마 희망의 줄을 붙들고 있다는 방증이다.

또한, 현대인들은 쉴 새 없이 숨 가쁘게 쏟아지는 정보로 인해서 자신이 누구인지 모르는 채로 정체성을 잃고 산다. 사도 바울은 이 점을 일찍이 내다보고 "신화와 끝없는 족보에 몰두하지 말게 하려 함이라. 이런 것은 믿음 안에 있는 하나님의 경륜보다 도리어 변론을 내는 것이다(딤전1:4)."라는 귀납 논리를 남겼다.

사람은 의욕을 잃으면 그 상실감으로 만사를 귀찮게 여긴다. 이토록 기력이 축 처져 있는 사람은 누우려고만 하는 나태를 일깨우는 충언도 짜증을 불러일으키는 잔소리로 들릴 뿐이라며 물리친다. 그 안은 자신이 자신을 무서워하는 불길한 환경에 대한 공포로 가득 채워져 있다. 증세가 심할 경우에는 자신이 자신을 넘고야 마는 통제 불능의 정신기능 마비까지 경험하게 된다. 인지 능력이 심각하게 저하되어 부적절한 퇴행성을 보이는 정신분열증은 수시로 사선을 넘나들게 한다.

교회를 무너트리는 일등 공신의 세 부류는 물질로 위세 떠는 자, 사치로 허세 떠는 자, 이간질로 시험에 빠트리는 자들이다.

그리스도인이라면 적어도 "하나님의 이름이 너희 때문에 이방인 중에서 모독을 받는다(롬2:24)."라는 말은 돌게 하지 말아야 한다. 만족보다 신앙인다운 책임감을 가지라는 뜻이다.

사회적으로는 충실한 모범생이나 남몰래 죽음으로 다가가는 마음의 병으로 고통받는 환자들이 급속하게 늘고 있다. 그냥 말없이 너그럽게 받아들이는 진정한 이해심, 어깨를 편안히 기댈 수 있는 의지의 사랑을 잃은 모습이야말로 물질 사회에 만연하게 퍼진 어두운 자화상이다. 그렇다면 자신의 삶을 놓아버리고 방황으로 시간을 허비하는 그들을 치유할 수 있는 약은 무엇일까?

그 첫걸음은 가족 예배이다. 매일 아침 하나님을 모시는 가족 예배는 독립된 식구 간의 우애를 굳게 할 뿐만 아니라 매번 들어서 간접적으로 알고 있는 단순 구원의 지식을 넘어선 확고한 변화를 체험하게 한다.

하나님의 부름을 받아 양자가 된 성도에게는 예배의 약속(롬

9:4하)이 주어져 있다. 정기 예배는 말씀이 심어진 마음을 보듬어 준다. 구원에 힘입은 자신의 존재에 대한 감사가 곧 은혜이다.

신실한 은혜

"항상 하나님의 은혜 가운데 있으라(행13:43하)."

회당 모임을 마친 후 두 사도, 곧 바울과 바나바가 유대인과 유대교에 입교한 경건한 사람들에게 당부한 말이다. 위에서 불러 갓 믿게 된 예수 믿음의 상을 받기 위한 경주를 끝까지 완주(빌3:14)하여 결승점인 천국에서 만나자는 뜻이 충만하게 담긴 이 말이 두 사도의 입에서 나온 배후를 나름의 상상으로 그려본다면, 큰 은혜를 받은 회중들의 밝은 화색에 대한 화답이 아닐까 싶다. 훗날 사도 바울은 "항상 기뻐하라. 내가 다시 말하노니, 기뻐하라(빌4:4)."라는 힘찬 구절을 옥중편지로 덧붙여 성도들을 격려했다.

교회는 예수의 피로 구속받은 성도들이 하나님을 예배하는 처소이다. 비록 무형이 아닌 유형의 건물이긴 하나, 그 안에서 믿음의 인격을 다지는 성도들은 저마다 하나님을 만난 체험의 간증거리를 안고 있다.

은혜의 신실은 하나님의 교훈을 빛나(딛2:10)게 하는 것이다. 모세가 금송아지 우상 사태 이후 다시 오른 시내 산에서 하나님으로부터 두 번째 돌 판을 받은 후 얼굴에 닿는 광채로 인해 그 빛을 수건으로 가렸다는 출애굽기의 내용을 우리는 잘 기억하고 있다(출34:35).

하늘의 지혜

지혜가 온 누리를 비추는 태양이라면 지식은 그 빛을 받아 만물을 은빛으로 물들이는 밤의 달이라 할 수 있겠다. 소급하자면 지혜는 사물의 이치를 공의롭게 판단하는 명철이고, 지식은 배운 바탕 또는 경험(습관)에서 얻어진 길의 인도이다.

나의 습관성 버릇은 모친의 젖을 문 시절부터 길들여진 부모의 영향에서 비롯된다. 이 말을 거울삼아 사도 바울과 이방인 전도사역에 일생을 바친 디모데를 떠올려 본다. 그의 어머니는 믿는 유대인이고 아버지는 헬라인이다(행16:1).

“너희 중에 누구든지 지혜가 부족하거든 모든 사람에게 후히 주시고 꾸짖지 아니하시는 하나님께 구하라. 그리하면 주시리라(약1:5).” 진주보다 귀한 지혜(잠3:15)가 내 마음에서 운동하면 그 은혜의 지식으로 영혼은 즐거워진다(잠2:10). 은혜의 지름길은 깨달음이다. 그러므로 젊은 날부터 하나님의 말씀을 듣는 귀는 복되다 아니할 수 없다(애3:27).

걸음 때마다 맨발 뒤꿈치를 치는 고무 슬리퍼 소리를 연신 들으면서 메마른 흙길을 걷는 19세 청년의 가슴에는 아무런 생각이 없다. 그저 불쌍한 한 고아 청년에 불과할 뿐이다. 그렇게 허접하기 짝이 없는 청년에게 난데없이 가슴이 뜨거워지면서 심안이 새롭게 떠지는 신비한 현상이 일었다. 비둘기 같은 고요한 영적 계시의 임재였다. 불과 몇 분 차이로 갑자기 높은 교육을 받은 학자의 지혜와 지식이 절절하게 넘쳐흐르는 가운데, 평강과 희락이 심령을 온통 적셨다. 듣지도, 보지도 못하여 경험과 무관한 체계를 갖춘 논리가 머릿속에서 맴돌면서 공의와 정의 행위에 꼭 맞는 잠언록의 지혜가 날개를 달고 하늘을 훨훨 날아다녔다.

영혼 구속의 구심점을 잡아가는 역사의 대상이 성령이었음을 똑똑히 깨달은 시점은 그로부터 몇 달 뒤였다. 나의 인생일지라도 나의 소관대로 되지 않으니, 그 해결책으로 영적 세계를 갈망하는 기도에 몰입하게 되었다. 끼니를 거른 허기로 마른 몸을 허허 한데에 누인 채로 예수만을 그리며 찾고 또 찾았다. "범사에 착해야 한다.", "모든 짐을 내려놓고 믿기만 하라."라는 숱한 음성이 주관의 간섭을 통해 미지의 영적 세계로 마냥 나를 이끌어 나갔다.

시급한 당면 문제는 누구에게나 공통인 생활 안정에 따른 직업 선택이었다. 그렇지만 성령께서는 "사람을 의지하지 말고 세상에서 길을 찾지 말라."라는 누차 말씀으로 사람이 중심인 물질 사회로 입문하려는 삶의 설계 계획을 극구 찢으셨다. 울타리를 넘어서라도 들어가지 못하도록 오직 영적 갈망만을 불어넣으셨다. 신약 내용만을 담은 두께가 얇은 성경을 소지하는 것을 수시로 목격한 코흘리개 친구로부터 “내일 일은 내일 염려하라.”라는 성경 구절을 들먹인 비난까지 들어야 했다.

성경에 등장하는 수많은 인물 중 필자의 성향과 비슷하게 가깝다 싶은 인물을 꼽으라면 단연 남 유다 말기 무렵에 활동했던 눈물의 선지자이면서 독신의 하명을 받은 예레미야를 꼽을 것이다.

질 낮은 목사

너무나도 먼 느낌이기에 나와 상관없다고 느껴지는 인류 종말론. 경각심이 일지 않으니 "주의 날이 도둑 같이 오리니 그날에는 하늘이 큰 소리로 떠나가고 물질이 뜨거운 불에 풀어지고 땅과 그중에 있는 모든 일이 드러나리로다(벧후3:10)."라는 예언을 쓸데없는 공허한 헛소리로 듣는 오늘날의 세태.

시골에서 농사를 짓다 성령을 체험한 이후 극심한 경제난으로 집에서 통신공부를 하다 2년제 신학교 재학 중에 소속 노회에 얼마의 돈을 내고 목사안수를 받았다는 그는 참으로 무식이 발바닥이다. 뿌리의 한 열매인 성경 지식보다 예언·신유·투시의 외적 은사만을 믿고 세운 교회의 성도 수는 아내와 세 자녀를 포함해 10여 명 안팎이다. 몸이 아프거나 생활이 힘든 성도들을 위한 기도와 가호 심방을 다니면서 나오는 사례금으로 2층 교회에서 사는 세 자녀를 양육하는 그의 신장은 작고 배 나온 몸집은 뚱뚱했다.

그 교회에 출석하는 미장원 주인이 있었다. 헌금을 제일 많이 내는 성도였다. 사전에 잡은 일정에 따라 금요 심방을 온 목사를 여주인은 예전처럼 예의를 갖춰 맞이했다. 예배 후 접대 식사 자리에서 여주인은 새삼 기분이 상한 눈을 크게 떴다. 그럴 수 없다는 부정으로 침묵을 지켰던 여주인은 주일설교 시 목사의 입에서 자신을 저주하는 대목을 들으면서 가슴을 부들부들 떨어야 했다. 30만 원을 빌려 달라는 요청을 거절한 데 따른 대망신의 혼란은 회의감을 불러일으켰다. 여주인은 결국 교회를 떠났다.

전능하신 하나님을 대변하는 목사는 "책망할 것이 없고 제 고집대로 하지 않는(딛1:7상)" 가운데서 믿을 수 있는 신뢰를 먼저 보여야 한다. 영적 축복권이 부여되었다 할지라도 함부로 저주를 남용해서는 안 된다. 한 번 뒤엎어진 자질에 대한 불신은 회복이 쉽지 않다.

국내는 물론이고 해외 집회도 자주 나가는 유명 강사이자 개척한 교회를 10여 년 만에 중견 수준까지 끌어올린 아버지 목사의 뒤를 이은 그는 전도(아버지의 후광)가 유망한 목사였다. 그는 담임 목사로 재직할 당시 여성도와 불륜정사를 즐겼던 일이 끝내 발각되어 치욕의 궁지로 내몰렸다. 돈으로 사태를 덮으려 한 노력도 수포가 되었다. 아우성치는 잡스러운 돌팔매질에 교회에서 강제로 쫓겨나고 말았기 때문이다. 그가 한 기도원의 초빙 강사로서 단상 설교를 하는 것을 목도했다. "불의한 자가 하나님의 나라를 기업으로 받지 못할 줄을 알지 못하느냐(고전6:9)."

거룩한 이면에 꼭꼭 숨겨둔 비도덕적인 실체를 알 턱이 없는 다른 교회 성도들에게 예수 그리스도의 발자취를 설교한다? 목사도 여느 인간들과 마찬가지로 성욕에 시달린다. 그들은 "손바닥으로 바닷물을 헤아리지도, 뼘으로 하늘의 길이를 잴 수 있는(사40:12)" 전지전능한 능력자들이 아니다.

몇 년 전부터 문인들과의 공식적인 만남을 일절 끊었다. 비슷한 시기에 기독교 내부를 두루두루 돌아다니며 이런저런 소식을 들었던 발품도 거뒀다. 이유는 목사 또는 소속 교회 내 주요 부서를 도맡은 직분을 가진 자들의 언행이 일치하지 않는 모습이 교회 밖의 사람들보다 더 추하여 그 모습들을 아예 보지 않겠다는 다짐 때문이었다.

나의 의식만이 존재하는 양의 탈을 쓴 가짜 예수쟁이들이 판을 치는 교계 사회를 들여다볼수록 식상 감을 넘어 괴로운 시험에 걸린다(딛1:12).

몇 년 전 초등학교 동창에게서 직접 들은 얘기이다. 당시 영업부장으로 근무했던 친구의 큰 식당에서 40여 명의 지역 내 목사들이 친목을 다지는 모임을 가졌다고 한다. 접시에 담은 뷔페 음식으로 마음껏 배를 불린 그들은 잘만 응용하면 좋은 자질이 될 수 있는 쓴 소리를 듣기보다 매사에 가르치려고만 하는 그 입술로 박장대소를 터트리며 목회자의 점잖은 위상을 일시에 내려놓았다.

두 목사 간에 시비가 붙었다. 우리 교인을 왜 빼갔냐는 다툼이었다. 언성이 높아지면서 멱살잡이 사태까지 벌어졌다. 열불이 활활 타오른 상대 목사가 상의에 이어 속옷까지 벗어 던지고 주먹을 불끈 쥐었다. 그의 벌거숭이 근육질 상체에는 조직 폭력배들의 상징인 칼자국과 문신이 새겨져 있었다.

지배 세력인 로마 권력층을 향해 비판을 쏟아낸 유대 랍비 시메온(13세기경의 인물)은 빵과 물을 가져다줬던 아내가 붙잡히자 아들을 데리고 들어간 동굴에서 12년을 보내게 된다. 쥐엄나무 열매와 근처 기적의 샘물로 목숨을 간신히 부지한 두 부자는 오직 토란만을 공부했다. 처형 명령을 내렸던 황제가 죽은 이후 동굴에서 나와 제일 먼저 본 것은 한 남자가 안식일에 밭을 갈고 있는 모습이었다. 율법을 중대하게 범한 그 행위에 두 부자는 심판자로서 그 죄인을 노려봤다. 농부는 불에 타 숨졌다. 두 부자는 이런 방식으로 광신을 부렸다. 어느 날 부자는 "너희들은 내가 만든 세상을 파괴하기 위해서 동굴에서 나온 것이냐? 그렇다면 동굴로 돌아가라!"라는 음성을 들었다. 그 후 동굴로 돌아온 두 사람은 한 해 동안 중용과 동정심의 가치를 배운 후 자유의 몸이 되었다.

평화 없는 종교

지구상에는 수많은 종교가 있다. 이름이 알려지지 않은 토속 신앙부터 국경을 무시로 넘나드는 세계적인 종교까지 그 분포가 다양하다. 세계 3대 종교는 기독교·이슬람교·불교이며 기독교 내 3대 교파는 천주교·개신교·정교회이다.

모든 종교의 기도 목적은 살생 없는 평화 지향이다. 그렇지만 오늘날의 종교들은 섬기는 신의 이름을 내걸고 영토 확장을 통해 세력을 넓히는 데만 혈안이 되어 있다. 왕래가 잦아져 세계가 그만큼 좁아졌다는 뜻이겠으나, 남보다 더 많은 인원수 확보에 매달려있다.

물량 차지에 열을 올리는 이면에는 인명 경시를 부르는 야만성이 흐르고 있다. 하나님 나라를 경멸하는 세력을 이해시키려는 설득은 뒷전으로 미루고 책상머리에 눌러앉아 다른 교회의 교인, 헌금을 많이 낸다는 그 교인을 어떻게 내 교회로 나오게 할까 하는 궁리는 하나님께서 기뻐하시는 행위가 아니니다.

성경 지식이 깊은 만큼 땅속에 묻힌 신앙의 잔뿌리가 넓어서 모진 강풍에도 쓰러지지 않는 오랜 참음의 인내로 교회의 덕을 세울 수 있는 성도를 외면하고, 많은 헌금이 곧 하나님의 축복이라 연결 짓고, 옛 습성을 벗지 못한 교인의 직분 임명은 교회 이미지를 나쁜 방향으로 이끄는 부축일 뿐이다. 믿음의 순수를 잃은 교회는 사람이 대세이나, 예수의 피가 흐르는 교회는 성령의 역사로 지경이 넓어진다.

사방이 탁 트인 해발 높은 곳에 있는 화강암 봉우리 한복판에는 어른 키보다 조금 큰 소나무 한 그루가 서 있다. 사계절 기후를 고스란히 견디며 지내기에 그리 굵지 않은 줄기 재질이 야무지게 강인하다. 맑은 하늘을 수놓은 헤아릴 수 없는 수많은 별빛 아래로 사람들이 몰려들기 시작한다. 임의로 지정한 자리에 서거나 앉은 사람들은 한 날의 시점인 자정이 되자 일제히 "주여!" 삼창을 세차게 외친 후 각자 기도에 몰입했다. 대함성의 메아리가 산 전체로 널리 울려 퍼졌다.

어느 한 곳에서 두 사람 간에 의식적으로 낮춘 속삭거리는 음성이 들려온다. 두 사람은 주고받는 의견이 맞지 않는지 점차 목청을 거칠게 높여간다. 알아들을 수 없는 방언 싸움이 벌어진 것이다.

서로 헐뜯는 삿대질의 발단은 시간 늦은 사람이 기도 중인 사람에게 한 "내 자리이니 다른 데서 기도하세요."라는 말에서 비롯되었다. 순간 분을 참지 못한 먼저 온 사람이 "네 자리, 내 자리가 어디 있습니까?"라는 항변으로 대들었다. 여성 기도자 중 한 입에서 "기도를 방해하는 마귀는 물러가라."라는 항의가 터졌다.

다툼은 사소한 언쟁에서 일어난다. 한쪽이 비켜나 주면 평화롭게 끝날 터인데, 수양의 공덕이 모자라도 한참 모자라니 외나무다리 두 염소의 싸움은 불가피하다. 친절한 양보와 따뜻한 마음의 실종이 아닐 수 없다.

예수의 정신은 "악한 자를 대적하지 말라. 오른뺨을 치거든 왼편도 돌려 대라(마5:39)."이다. 이는 "자기보다 남을 낫게 여겨라(빌2:3)."라는 생명 사랑의 겸손에서 나온다. 이 행위가 곧 "네 이웃을 너 자신 같이 사랑하라(마22:37~39)."라는 계명의 실행이다.

한 방울의 눈물

우정은 천 리 길도 멀지 않다는데, 단풍 나들이를 동행할 수 없다는 슬픔에서 밀려든 감정이 흘리게 한 한 방울의 눈물. 믿음의 뒷받침은 성실이고 성실의 후견인은 선함일진대….

혀의 말이 아닌, 머릿속 지식이 아닌, 나의 현실적인 책임감 있는 행동으로 예수를 믿는다는 건 쉬운 삶이 아니다. 태생부터 장애를 안은 사람은 나에게는 밝은 장래가 주어지지 않았다는 불신의 시험에 쉽사리 빠져든다. 앉은뱅이는 엉덩이 걸음 때마다 온 신경이 동원되는 힘겨운 고통에 눈물이 앞서는 전 과정을 겪는데 이는 체념을 넘어서 하나님을 원망하는 심리적인 압박으로 이어진다.

과연 '지고지순'이라는 단어는 삶의 짐이 끝없이 버거운 그들에게는 해당되지 않는, 어둠 속에 던져진 단어에 불과한 걸까?

세월이 늦다 싶어/문득 돌아본 오늘/10월 20일/화창한 푸른 하늘 아래/물들어가는 철 단풍/아름다운 무지개 경치 놓칠세라/이른 새벽부터 부산떠는 친구/집을 나서며 갔다 오마!/손 흔드는

뒷모습/울컥 치민 눈물/일어설 수 없는/신체 장식에
불과한/마른 두 다리 적신다.

필자의 <눈물>이라는 시다. 이 시를 쓰게 된 동기는 남들 다 가는 단풍 구경 행렬 사이에서 글 쓰는 일로 멀거니 지켜만 봐야 한다는 필자의 두 다리를 쓸 수 없는 소아마비 신세를 빗대어서 쓴 것이다.

성장의 다툼 가운데서 도리에 어긋나는 짓을 안 했다며 머리 숙여 용서를 비는 굴욕은 없었을 것이다. 하늘의 계시를 거스르면 이상하게 길목 통행이 운세 사납게 막힌다는 느낌을 지울 수가 없었다. 그 길이 나를 먹여 살릴 인도인데-계시 음성은 가지 말라고 경계선을 그으니-그 철벽을 넘고야 말겠다는 읍소의 불순종으로 대항하며 버티는 내 안의 두 갈등의 싸움. 이를 걷어찰 수 있었다.

그 무렵이었다. 멀리 있는 물로는 집 건물을 태우는 불을 끌 수 없고, 캄캄한 동굴 속을 유심히 둘러보면 어디선가에서 햇살이 비칠 거라는 희망이 가물가물 흐린 정신을 퍼뜩 깨웠다. 그토록 절대 놓지 않겠다던 드잡이 아집을 마침내 내려놓자 비로소 불안정했던 심경이 가라앉았다. 그래서 비록 이해는 아직은 불충분하나 계시에 순응하자는 결심을 앞세울 수 있었다.

그 득센 도도감에 도무지 믿을 수 없다는 의문을 품었던 것이었다. 이 깨달음은 사소한 힌트에서 건져 올릴 수 있었다. 관심이 사랑의 시발이요, 긍휼히 여기는 정(情)에서 눈물이 흐른다는 통찰에서였다.

바람은 나무들의 운동을 돕고 벌과 나비는 꽃들의 생성을 북돋는다. 감정의 주문대로 실행에 옮기면 야만성이 강해진다. 복잡다단한 불합리한 정서에 예수의 본성이 임하도록 마음을 비우는 수양 부족의 원인을 실감했다. 그러니 지혜가 침체되어 밝은 면이 계발되지 않았던 것이다.

위험한 자만심이었음을 고백한다. 심경을 누르고 있는 무게를 덜어주지 못하는 근심의 두통을 불러들인 자초로 시간 낭비가 어떤 것인지를 새삼 깨달으며 배웠다. 왕이 탄 멋진 수레에 환호한다는 건 시냇물처럼 삶이 얕은 경솔한 자들의 어리석은 놀이었다. 지혜를 가진 자로서는 초연하게 외면해야 했는데, '나는 왜 저런 성공에 근접도 못 하나?' 하는 시험에 들지 않았던가? 잡초는 그냥 내버려 두면 전 면적을 뒤덮고 만다.

그렇다. 행복은 손에 쥐고 있으면 작게 보인다. 아니, 건망증으로 잊을 수 있는 게 내 손안의 따뜻한 생명의 온기이다. 그다지 관심을 두지 않았으니 생사의 가치를 미처 인식해 낼 수 없었던 것이다. 넘어진 자리에서 일어나지 않는 것은 침륜이 아주 깊은 상태이다. 외로운 고독에 갇힌 사람에게 있어서 더할 나위 없는 은총은 하나님을 만날 수 있는 횟수가 물질을 좇는 걸음이 빠른 사람에 비해 범위와 폭이 무한정 넓다는 감사이다.

하늘보좌를 바라보는 신앙의 차이는 들어서 아는 것보다 눈으로 직접 본 이상에서 더욱 의심이 풀린다는 사실이다(욥42:5). 한발 더 나아가, 몸소 체감한 신앙은 새겨진 마음 판에서 영원히 지워지지 않는다는 것이다(잠3:3).

지식 사회

말의 중량은 그 사람이 평소 다져둔 교양과 인품에서 나온다. 어떤 일에 심취되어 있느냐에 따라서 그 사람의 인생의 무게를 엿볼 수 있다. 값싼 허드렛일만을 줄곧 해 온 사람의 입은 헤프기 그지없는 만큼 행실도 가볍기 짝이 없다. 이런 사람은 미꾸라지 빠져나가듯이 약아빠진 행실을 똑똑한 지혜라고 우긴다. 자신을 단번에 소개하는 창의적인 지식 체계 없이 시장 기류상 질보다 양적인 보도가 주류인 간편 여론만 좇는 성향을 안고 있어, 잘못된 이단에 빠지기도 쉽다. 문제는 그 수렁에 빠졌다는 사실을 좀스럽게 인지하지 못하고 있다는 데서 오는 현실적인 안타까움이다.

학력이 낮은 데서 오는 무지는 무지대로 직업(경험)에서 쌓은 저력이 있다. 그래서 실전의 미약함을 이론적인 기술로만 메우려 드는 지시자의 말을 잘 듣지 않는 경향을 곧잘 보인다. 사실 경력이 깊은 사람은 일머리 안목이 남다르다. 그런데도 그들이 상부에 올리는 주장이 폄하되는 까닭은 윗선에서 시키는 대로만 하라는 압력 때문이다.

성경은 인생의 생사화복(生死禍福)은 하나님의 주관에 달려있다고 가르친다(신30:15~16). 그렇지만 인문에서는 운명은 자신의 개척 및 선택에서 만들어지기도 하고, 또한 누구의 인도로 결정된다고도 한다. 그러므로 자신을 잘 다스리는 것도 중요하고, 길을 몰라 도리 없이 안내를 맡길 수밖에 없는 사람의 만남도 중요하다고 한다.

먼저 된 자가 나중 된 자를 인도하는 것이 사회의 보편적 틀이다. 식견이 더 넓고 깊은 사람이 위계질서를 잡아 나가는 것이다.

무딘 도끼날과 같은 무지한 자는 사리 분별이 미약하여 굽히지 않는 생고집이 우직하나, 교화의 말뜻을 이해했으면 그 이상 대들지 않고 고분고분 말을 잘 듣는다. 그렇지만 철학·역사·물리 등의 전문 지식을 쌓은 지식인은 머릿속에 꽉 채운 그 지식으로 인해 세상 물정을 모르는 시행착오를 곧잘 드러낸다. 수족 노릇은 하지 않겠다는 단면이다. 자신의 전문 지식을 후대에 전수하기를 안달하는 지식인의 복잡한 심경이다.

기도원을 운영하는 목사 사모로부터 들은 말이 있다. "공중예배참석에 불성실한 목사들이 말을 제일 듣지 않는다."

이 말을 빌려 "유식자, 무식자의 두 부류 중에서 어느 편이 다루기 힘든가?" 만일 누가 내게 이렇게 묻는다면 필자는 서슴없이 말씨가 매끄럽게 논리적인 지식인이라고 대답할 것이다.

돈과 권력을 거머쥔 지식인의 교만은 하늘을 찌를 정도로 정말 무섭다. 시와 음악을 즐기길 원했으나, 어머니 아그리피나의 지나친 집념의 권유로 로마 5대 황제(기원 후 54~68년)로 등극한 네로는 초대 기독교인들을 죽음의 공포로 몰아넣은 폭군이었다. 그는 고독한 예술가라기보다는 대중의 환호와 애정에 기울어진 대중 예술가에 가까웠다.

그 시기에 '안뜰로 들어오는 이방인은 죽임을 당하게 될 것'이라는 경고문을 들먹이며, 성전에 들어가서 거룩한 곳을 더럽혔다는 내용으로 실상 성전에 들어가지 않은 복음 전도자를 고발한 유대인들의 갖은 성화로 인해 마침내 바울을 대면한 베스도는 "바울아, 네가 미쳤도다. 네 많은 학문이 너를 미치게 한다." 라고 호통을 쳤다. 이 장면은 신약 사도행전 26장24절에 나온다. 그 바울이 기독교의 기초 체계를 든든히 다진 역사의 주인공이다.

지식인은 논리를 정연하게 갖춘 소중한 정보를 가지고 있다. 지식의 능력은 자세한 설명으로 정신의 무게를 가볍게 하는 자유를 누리게 한다. 그 지식인이 보통 사람들은 풀이 썩으면 반디가 생겨나고, 애벌레가 허물을 벗으면 매미가 된다는 상식을 알고도 무심코 지나치는 사회인들의 무관심을 널리 깨우친다. 그러므로 선도자라 할 수 있다.

교육열이 높은 우리나라는 요즘 낫 놓고 기역 자도 모르는 미개한 사람(문맹)을 찾아보기 힘들다. 글을 배우는 장소가 제도적인 학교에만 국한된 것이 아니라, 알고 싶은 모든 지식은 컴퓨터나 스마트폰으로 얼마든지 습득이 가능해졌기 때문이다. 또한, 지자체마다 갖가지 무료 교육을 운영하고 있기도 하다. 이른바 민초 문자가 널리 보급되어 높아진 생활수준을 체험하고 있는 셈이다.

지식의 목적은 자신의 주안점을 찾아내는 것이다. 지식을 덕목으로 나타내려면 먼저 자신에게 진실해야 한다. 진실은 남의 것을 탐하며 자신을 돌아보지 못하는 망어(妄語)를 메우는 흙이다. 지식은 길을 열어 보이나, 위(僞)한 자는 사기를 칠 구실에만 골몰한다.

자신의 의견을 당당하게 피력하여 소신(뜻)을 기어이 관철하려 드는 요즘의 사회 분위기는 "미안하다."라는 한 마디로 싸움의 불씨를 끄는 사과의 실종과 더불어 감사를 잃었다.

먼저 들어선 입구의 여닫이문을 뒤돌아보지 않고 그냥 놓아버려 하마터면 손가락을 다칠 뻔했던 사례가 있었다. 50대 주부였다. 지식 포만의 사회가 낳은 이기심이다 싶어서 입맛이 씁쓸했다.

사소한 배려가 때로는 상대방의 마음을 밝히는 기적을 일으킨다. 감사는 은혜의 표명이다. 감사를 잃은 지식은 사랑이 메마른 영혼이다.

나의 나

사고력을 키워 주는 생각은 어떤 색상일까? 화가는 형상 부분에 넣을 색채 구상에 맞추어 노란·파랑·주황 등의 물감 색상을 섞어 붓질을 하고, 시인은 범인들로서는 감히 들여다보지 못하는 사물의 이면에 숨겨져 있는 생명력을 글을 통한 작품으로 살려낸다.

생각에 감성이 실리면 과연 순수하다고 할 수 있을까? 곧잘 주관적인 감상에 젖게 하는 생각이 깊을수록 예민해지는 이유는 왜일까?

상상력 연구로 경지가 높아진 예술인들은 작업상의 촉각 때문인지 신경질의 부피가 가열하다. 이런 경우에는 긍정적인 사고 공간은 바싹 좁아져 평소에 쌓은 유발 성 작업감각이 침륜으로 가라앉게 된다.

예술 창작은 지상의 모든 사물과 연합되어 있다. 만일 예술인에게 저 멀리 상상의 메아리를 들어야 할 심연의 귀가 닫혀 있다면 아무것도 그려내지 못할 것이다. 괴로워서 듣지 못하고 놀라서 보지를 못 할 것이다(이사야21:3).

이 또한 축적을 쌓는 성장 과정의 일환이다. 때로는 절망적인 우울한 낙심이 작품의 소재로 쓰이기도 하기 때문이다. 머리를 쥐어뜯고 벽을 들이받으며 자신의 무능을 한탄하는 괴로운 과정이 없다면 그는 진정한 예술인이 아니다. 진도가 잘나가는 작업에서만 충화의 층이 두터워지는 것이 아니다. 캄캄한 절망에 지배당한 비활성의 오류가 잃어버린 나를 돌연 찾게 하는 때가 있기 때문이다. 단, 무(無)보다 더욱 불안을 끼치는 창백한 복제품의 생산은 나 자신임을 포기하는 멸망의 절벽임을 명심해야 할 것이다.

성찰의 주요한 발견은 능수능란한 실력을 떠나 자신이 누구인지를 깨닫는 것이다. 이 힘은 복잡하게 얽힌 문제의 문제를 내려놓는 데서 비롯된다(마11:28). 빈 그릇이어야 물을 채울 수 있듯이, 생각이 무념, 무취일 때 눈이 떠지는(욥42:5) 지혜가 샘솟는다.

아직 비구름이 머물러 있는 하늘 아래 물초로 푹 젖은 도심 가로수. 그 밑을 지나치는 시민들 뚝뚝 떨어지는 빗방울을 머리 위로 맞는다. 그러면서 올려다본 가로수가 식음이 가능한 감나무임을 알게 된다.

시간은 현재다. 삶은 현재를 보는 것이다. 내일 보게 되는 사물은 내일의 사물이지, 오늘을 깨우는 생명은 아니다(약4:14상).

모든 생명은 순간의 호흡에 존속되어 있다. 그 한 경점에 찍힌 나의 발자취를 시간은 지난 과거로 무심히 묻어버린다.

인간은 자신의 의지로 행동한다. 내가 사둔 땅에 나의 멋진 집을 짓겠다는 희망으로 앞날을 내다본다. 자존감이 높아지는 이유이다. 그렇지만 그 땅에 내가 살 집이 세워지기 전까지는 그 건물은 실체가 아니므로 빈 꿈의 그림일 수밖에 없다.

박식은 지식의 축적이다. 감수성은 인생의 경험을 통해서 차근차근 쌓인다. 외부와 거리를 둬야 정밀한 성능 분석이 가능하고, 이 과정에서 나아가야 할 이성적인 방법을 찾게 될 뿐만 아니라 심화된 확장, 넓어진 지경을 볼 수 있다. 이 모든 성취는 현실과 타협하지 않고 내 안에서 다져진 층층 집약의 결실이다.

시간에 매여 사는 우리 모두는 나로부터 탈출할 수 없다. 우리는 범위를 크게 뛰어넘는 눈으로 천 리 사물은 고사하고 가까운 산 너머 마을도 볼 수 없는 한계를 안고 있다. 눈길이 미치는 한도 내에서 주어진 삶을 누려야 비로소 안심할 수 있는 유한의 존재이다.

우리는 다른 누군가가 아니라 나의 호흡의 사색으로 나의 창작품을 구현해내는 존재이다. 하늘 높이 상승한 성공의 도취, 사업 실패 또는 틀어진 인간관계에 대한 시름으로 고개를 푹 숙이고 있다 할지라도 생리적인 나 자신이다. 숨결은 내쉬나 남이 떠먹여 주는 음식물로 겨우 연명하는 병상의 환자는 실상의 나의 삶이 아니다(열상1:15).

땅에 속하여 있기에 그 소산물을 섭취하나, 육신의 안락만을 좇는 겉 사람들과 생활 방식이 전혀 다른 속사람들이 있다. "그리스도의 평강이 너희 마음을 주장하게 하라. 너희는 평강을 위하여 한 몸으로 부르심을 받았으니(골3:15)…."라는 말씀 안에서 기뻐하는 성도들이다. 그들은 말 그대로 성경을 읽으며 자신을 키운 현실을 아낌없이 즐기는 축복의 성도들이다.

부활을 꿈꾸며

누워 자도, 운동을 해도, 일을 해도 시간은 흐른다. 주일 예배를 드려도, 개인 기도를 해도, 사람들을 만나 이리저리 흔들리는 공허의 추를 달래 봐도 시간 소비는 매한가지이다. 안간힘을 써도 붙들리지 않아 내버려 두는 시간. 오늘따라 구체적이지 않다. 고무줄처럼 늘어났다가 축소하는 감각도 축 가라앉아서 삶의 무위를 되새기게 한다. 잃어버린 언어. 애매모호한 두려움.

나는 글 쓰는 노동으로 주어진 시간을 쓴다. 혐오하면서도, 경멸로 이를 갈면서도, 매번 상실감에 젖어 들면서도 펜을 놓지 못하고 있다. 집착 중의 집착이요, 중독 중의 중독이 아닐 수 없다.

이는 오랜 기간 축적된 권태일 것이다. 그렇지 않다면 왜 오늘따라 원 가지에서 꺾인 가지처럼 지각이 끊겼겠는가(사27:11). 새삼 고요한 고독에 잠긴 감정에 성유를 씌우고 싶어진다.

지식의 행로는 하나님께로 나아가는 것이다. 나는 내가 기록에 남기지 않으면 세상에 드러나지 않을 무명의 존재를 끄집어 올리는 글로 나의 부활을 꿈꾼다. 거리로 쏟아져 나온 대중 앞에서 변화의 개혁을 외치는 정치인의 선동적인 허구와는 거리가 멀다. 아직도 경지에 오르지 못한 졸렬한 글로나마 개인을 넘어서 전 인류의 평화와 안녕을 인문적으로 기원하고 있다. 환경적인 제한으로 내다보는 세계관이 좁아 누구와의 맞대결보다는 하나님의 품으로 파고드는 아늑함을 선호한다.

심신이 피로해진 눈길을 들어 푸른 자연을 감상한다. 향기를 날리는 바람도 피부에 와 닿는 실체가 아니므로 실감이 미약하다.

"나는 알파와 오메가요, 처음과 마지막이라." "내가 생명수 생수를 목마른 자에게 값없이 주리니(계21:6)." 밧모섬 요한이 영의 계시로 받아 쓴 구절을 떠올리며 "여호와께서 그의 사랑하시는 자에게 잠을 주시는 도다(시127:2)." 구절의 은혜를 안고 잠자리에 든다.

제5부

사랑의 힘

"당신은 완전한 나의 복된 사랑의 문. 어디를 가든 천 리 길일지라도 항상 동행하며 배꼽으로부터의 포도주를 마시게 하며 지친 기운을 북돋아 주는 생명의 은인. 부지중일지라도 나를 구슬꿰미로 붙들어 매어 천성으로 인도하는 영원한 구세주."

사랑의 힘

새순 보리밭 사이로 하늘 구름의 그림자가 흐른다. 문득 그 안에서 실물이 아닌 신령한 영기를 느낀다. 뭘까? 두루 찾는 눈길이 새삼 키워진다. 기도 중인 그 대상의 환영일까? 더할 나위 없는 평안감에 두 날개를 단 영혼은 저 높은 태양을 향해 힘차게 날아오른다. 일기는 아직 춥다. 모질게 싸워서 이겨낸 전 계절인 끝자락 겨울에 머물러 있다. 지난 해 봄부터 이어진 여름철에 그토록 흠뻑 취했던, 그 은은한 향내를 토해냈던 만발한 꽃구경은 고사하고 비탈에 선 수목들도 앙상한 모습 그대로이다. 그나마 위안이 되는 것은 눈 녹은 산의 물줄기가 잔 돌멩이를 굴리는 장단에 맞추어 시냇물 노래를 들려준다는 반가움이다.

이제야 눈이 뜨이며 실상이 보인다. 실바람에 산들산들 떠는 버들강아지와 샛노란 몽우리를 갓 피워낸 산수유이다. 한층 가깝게 동화된 마음. 넋을 빼앗은 그 입술에서 꿀방울이 흐른다. 그 혀 밑으로 마시면 영원히 목마르지 않을 생수(요4:14)가 고여 있다. 뺨을 어루만지며 의복을 감싸는 그 향기가 진하다. 진향은 벅차오르는 가슴의 도취로는 맡을 수 있으나 육신의 배를 불리는 진수성찬은 아니다. 잠들어 있을지라도 영혼을 일깨우는 아늑한 행복이다.

당신은 완전한 나의 복된 사랑의 문. 어디를 가든 천 리 길일지라도 항상 동행하며 배꼽으로부터의 포도주를 마시게 하며 지친 기운을 북돋아 주는 생명의 은인. 부지중일지라도 나를 구슬꿰미로 붙들어 매어 천성으로 인도하는 영원한 구세주. 푸른 초목의 골짜기에서 철도, 때도 아닌데도 나를 위한 포도송이를 찾으려 바위 절벽 오르는 일도 마다하지 않는 발 중의 발. 나의 의지보다 더 든든한 두 다리의 황금 힘. 벗어 내준 옷 어찌 돌려받겠냐며 영롱한 눈빛을 돌리는 겸양의 주님. 나의 부름에 그림 소재의 모델로 기꺼이 의자에 앉아주는 당신이야말로 진정한 나의 구원자다.

실컷, 마음껏 봤음에도 곁에 안 계신다는, 문틈 어딘가에서 여전히 관심 깊게 지켜보실 거라는 의식 때문인지 몹시 보고 싶어지는 임이다. 너무나 사랑스러워 그립게 보고 싶은 얼굴을 향한 심장이 울렁울렁 뜨겁다. 이성이 발동한다. 교차하는 호감 속에 손에 손을 맞잡는다. 입술에 입술을 맞춘다. 황홀에 찬 무한한 기쁨에 취한다. 죽음보다 강한 힘은 서로 잠시도 떨어질 수 없다는 사랑이다(요15:5). 사랑에 빠지면 영혼은 항상 푸른 오월의 계절 속에서 산다(시23:2). 사시사철 이파리 시들지 않고 항상 싱그럽다. 그 임의 얼굴을 다시금 기도로 찾아본다.

달빛처럼 맑다. 빰에서 은빛 물결이 일렁거리나 소리 없이 애잔하다.

정상 바위

봄이 계절의 문턱을 밟고 섰다. 아직은 자연 만상이 움츠린 새순 전이지만 찬 기후 속에서 어깨를 펴게 하는 온화한 기운이 피부 속으로 솔솔 감겨든다.

미세먼지로 대기 질이 나쁘다는 일기예보의 경고를 무릅쓰고 집을 나서자마자 이 골목에서 저 골목, 이 건물에서 저 건물들 사이를 누비고 다닌다. 옛날에 산림만을 거둬낸 그 위에다 그대로 지어 올린 밀집 주거지 일대의 길은 경사가 가팔라 숨이 가쁠 정도이다. 덕분에 모처럼 걷기 운동에 세 시간을 소요했다. 수분 부족으로 목이 약간 마르다는 것과 간밤의 짧은 잠으로 졸음 기운이 느껴지는 탓인지 머리에 살짝 미열 기운이 있을 뿐, 그 이상의 징후는 없었다.

하나님의 설계 안에서 땅의 생성과 더불어 존재로 솟아올랐을 태초부터의 산을 나는 어린 시절부터 보아 왔다. 그 산 정상에는 사시사철, 일 년 내내 마르지 않는 한 우물이 있고, 그 고귀한 유물을 둘러싼 생물은 언제나 독야청청한 소나무 무리와 규모나 생김새들이 저마다 다른 너덜 바위들이다. 한 우물의 샘이 그치지 않도록 목청으로 격려를 아끼지 않는 조류 중에는 털빛이 온통 검은 까마귀 수가 특히 많다.

정상 이름이 호암산인 그곳에는 서향 편에 하게 어느 곳에서든 쉽사리 볼 수 있는 큰 바위 봉우리가 있다. 그때나, 이제나 회색빛은 변치 않고 한결같다. 수목들은 바람결에 맞추어 몸 운동이라도 하는 듯이 소리를 내지만, 그 바위에게서는 지금까지 생물의 숨결 소리를 단 한 번도 들어본 적이 없다. 영원한 침묵자인 그 모습에서는 눌러앉아 성가시게 장난치는 대상을 물리치는 예가 없었을 뿐만 아니라 눈 부신 햇살을 반사하는 표면에서는 고운 순결이 흐르기까지 한다. 힘의 과시로 약한 자를 물어뜯거나, 잡아 흔들어 못살도록 행패를 부린다거나, 남의 사생활을 몰래 엿보는 불순한 짓거리는 전혀 하지 않는, 점잖게 정형화되어 있는 듬직한 바위이다.

자연이 베푸는 혜택은 누구에게나 공평하다. 참으로 우리 고장을 언제까지나 지켜주는 건각자 중의 건각자인 영물 바위이다. 전능자의 단 한마디 말씀으로 높게 부각되어 세상으로 하여금 우러러보게 하는 영원한 젊음의 핏줄이 아닐 수 없다. 인류로 하여금 목표지로 삼게 하고 그 도전에 나선 자들의 등줄기에 땀 베이게 하는 그 위용은 실로 의기를 이끄는 강한 신령의 힘이다.

망령에서 새사람으로

젊은 시절에 사랑에 눈을 뜨게 한 당신은 더 이상 가임을 할 수 없는 폐경의 여인. 여삼추 운명이 얄궂다. 사랑했기에 그녀는 아름다웠다. 아름다웠기에 못된 짓거리도 밉지가 않았다. 달빛이 비치는 길을 걷는 산책을 유독 좋아했던 그녀는 달이 뜨는 날에 구름을 보게 되면 신경이 과민하게 날카로워졌다. 그 성질에 동반하여 화를 지르며 호수에 몸을 던져 명의 단축을 시도하기도 했었다. 그녀는 평소에도 정상에서 벗어난 행동을 종종 보였었다. 먹지도 않을 음식을 마구 사들였으며, 옷가지 구입에 많은 돈을 낭비하기도 했었다. 거쳐 간 여섯 명의 남자 관계에서 누구의 핏줄인지 분별이 애매해진 뱃속의 태아를 자궁을 열고 탯줄을 끊어서 낳았음에도 불구하고 내가 낳은 자식이 아니라면서 그 아들 학대로 낙을 즐기기도 했다.

사람들은 그녀를 창녀라 부르며 또한 그 호칭으로 다른 이들에게 소개도 했다. 절세미인의 위세를 떨다 첫 번째 남자의 돈자랑 유혹에 넘어가 동거를 시작했다. 육 개월 만에 파경을 맞았다. 남자 측에서 사치가 너무 심한 그녀를 차버린 것이었다. 그 이후부터 그녀의 생활은 문란으로 빠져들었다. 떠돌이나 다를 바 없이 거주지를 자주 옮겼다.

그녀는 상면을 극구 피하는 사람들의 입담이 견딜 수 없도록 괴로웠다. 자신을 저주하며 날뛰는 그 분노에 기어이 일을 저지르고 말았다. 공동묘지 움막에서 고래고래 괴성을 지르며 아랫동네 사람들에게 귀신의 공포심을 불어넣었을 뿐만 아니라, 죽고 싶다는 말을 입버릇처럼 내뱉는 이를 악물고 살기 띄운 광기의 눈매로 함께 죽자며 정력이 약한 노인인 일곱 번째 남편에게 칼을 들이댄 것을 넘어 자식의 숨통까지 조르는 위협까지 서슴지 않았다. 노인은 진땀을 흘리며 동거녀를 경계했고, 누구의 피를 이어받았는지 알 도리 없는 혼혈 자식은 엄마가 무서워 바깥으로 나돌았다. 귀신에 사로잡힌 사람은 힘이 세다. 자신을 붙드는 손길에 저항이 워낙 거세 장정도 뒤로 자빠지고 부모의 눈물 어린 설득도 들어먹지를 않는다.

사나운 북풍이 할퀴고 간 뒤 남은 자취는 망령처럼 생명 잃은 고목의 빈 가지뿐이었다. 생경한 비연(非連) 그 자체였다. 휴일을 맞아 나들이 나온 사람들은 푸른 잎사귀로 생명을 손짓하는 생나무들보다 바람도 외면으로 스쳐 가는 앙상한 빈 가지 나무에 더한 관심을 두고 바라보았다.

삼십 년 전의 추억이다. 젊은 날에 사귐으로 만났던 그녀를 대할 적마다 나의 안색은 창백함으로 물들었다. 너 아니면 살 수 없다는 죽음도 불사하는 사랑은 이처럼 심신이 야위도록 심근을 바싹 조이며 혀를 말렸다. 향기로운 유월 장미의 계절에 왜 그리 머리에 쥐가 일도록 매달렸었는지…. 쥐고 있는 손을 놓쳤나 보고 또 보다 아파서 찡그린 보조개가 핀 안색이 싫어졌나? 기미가 서린 눈빛을 읽어냈던 그 돌연사와도 같은 적중이 그대로 맞아떨어진 건지, 그녀는 일방적으로 포옹하고 이내 등을 돌려 흰 찔레꽃 너머로 사라져버렸다. 울컥 터지려는 눈물의 입을 틀어막고 양어깨를 들썩거리며 영영 떠나버렸다. 그 이후 오늘날까지 보지 못하고 있다. 희망을 잃고 쓰러질 듯 지그재그 발길로 방황했던 그때의 그 날을 회상하며 미친 바보짓이었다는 쓴웃음 머금고 퍽 늙었을 그녀를 상상으로 그려 본다.

자나 깨나 사무치게 그립도록 사랑했던 자에게 향해진 기쁨과 슬픔은 나를 잃은 몸부림 그 자체였다. 실연의 쓰라림을 끌어안을 수밖에 없었던 그 날의 가슴이 아리도록 허망했던 또 한 가지 사례는 행복의 한때를 즐기는 우리를 내내 지켜보며 청아한 노래를 들려줬던 원앙새마저도 그녀의 갑작스러운 달음박질에 놀라서인지 나뭇가지에서 황급히 뒤따라 날아갔다는 충격이었다. 그 당시 나의 두 동공은 지금의 차분한 눈매와 전혀 달리 황망함에 빠져있던 상태라 아무것도 볼 수 없었다. 유월의 푸른 들판은 뿌려진 살충제에 메말라 죽은 황량 지대였었다. 그 안에서는 어떤 생물도 살아나지 못할 허허벌판 황무지일 뿐이었다. 한층 더 불안증에 떨게 했던 대상은 한낮에 숨었다가 밤이면 다시금 반짝이는 빛으로 존재를 밝히는 무수한 별들의 비웃는 듯이 차가운 냉대였다.

가슴이 답답하게 미어졌다. 적적하기 그지없었다. 누군가의 따뜻한 정이 못내 그리워 그 풀 자리에 무릎을 꿇고 눈물을 쏟아냈다. 위안이 느껴졌다. 오랜 고요는 잃어버린 나를 찾게 했다. 생생한 응답은 내게서 떠난 그녀는 절대 돌아오지 않을 거라는 확신이었다. 귀가 더 밝아진 것이 아닌데도 땅속에 묻힌 식물 뿌리들이 약동하는 힘찬 소리를 듣는다. 달빛에 비춘 세 그림자 중 하나에서 그녀의 밝은 미소를 본다.

그녀도 천하보다 귀한 생명이 부여된 인간이다(마16:26). 그간 그녀에 대한 소문은 간혹 들어 왔다. 한 많은 세상을 등지고 어느 동굴에서 숨어 지내며 기도 생활을 하고 있다는 것이다. 그렇게 잠복한 지 12년 후 언론 보도를 통해 사람의 일을 보지 않고(마16:23) 여러 영적 은사를 앞세워 복음 전도에 힘쓴다는 내용을 접했다. "그의 많은 죄가 사하여졌도다. 이는 그의 사랑함이 많음이라(눅7:47)." 은혜의 보답으로 "보라, 지금은 은혜받을 만한 때요. 보라, 지금은 구원의 날이로다(고후6:2)."라고 선포한 사도 바울의 성스러운 믿음으로 사는 모범적 성도임을 알게 되었다. 지탄의 망령에서 그렇게 새 사람으로 환생한 그녀를 보고는 싶으나 찾고 싶다는 마음은 일지 않는다. 멀고도 먼 노을의 황혼만이 아늑히 그려질 뿐이다.

연애 감정

젊었던 이십 대 시절에, 문학 수업을 한창 연마하던 시기에, 세상 보는 눈이 설익어 생각이나 사용하는 언어의 폭이 상당히 좁았던 어리벙벙 시절에, 고등학교 동창 친구를 따라 나온 개척 교회에서 처음 본 자매의 나이는 갓 스무 살이었다. 낭만의 상징인 시인에 대한 흠모가 거의 우상에 가까워 금세 친해진 우리는 이삭 줄기를 막 띄워내기 시작한 녹색 빛으로 물들어가는 논밭 사이의 논두렁길을 걸으며 메뚜기, 고추잠자리를 한 눈으로 좇아서 보는 연애를 시작했다. 두 사람 다 생애 첫 이성 교제였다.

소달구지 다니는 길녘 한편에 줄기가 굽은 소나무 한 그루가 서 있었다. 새하얀 빛의 털을 가진 백로들이 한가롭게 졸며 쉬는 그 독야청청한 소나무 아래에 나란히 붙어 앉은 두 남녀는 서로를 마주 보며 입술에 입술을 깊고 길게 맞추었다. 첫 키스의 맛은 따뜻하면서 부드럽고 달콤했다. 쑥스러워서 눈길을 내리깔고 손등으로 젖은 입술을 훔치는 그녀의 얼굴에는 애틋한 사랑의 미소가 머금어져 있었다. 그 모습이 어찌나 천진한지, 오랜 시간이 흘렀는데도 아직도 기억에 싱그럽게 남아 있다.

계절은 신록의 향기가 익어 가는 초여름철로 접어들었다. 밝은 대낮의 햇볕이 쨍쨍 내리쬐는 둑 저 아래에서 거리가 멀어 인상착의가 불분명한 웬 남자가 매번 위를 올려다보고 있었다. 떨어질세라 빈틈없이 서로를 한 몸으로 꼭 부둥켜안은 채로 사랑을 속삭이는 두 남녀에 대한 호기심이었다. 풀을 뜯어 먹는 성체 소 무리가 저만치 벗어났는데도 한 곳만 응시하는 행위를 좀처럼 거두질 않았다. 두 남녀는 그 눈길에 행위를 멈추고 마주 잡은 손의 몸을 동시에 일으켜 세웠다. 못내 아쉽다는 표정을 지은 그녀가 남자의 볼에 입을 맞추는 가벼운 키스로 위로했다. 깍지 낀 손을 놓지 않은 그녀가 필자를 어디론 지로 이끌었다. 도착지는 그녀가 다니는 대학 내 운동장이었다. 그때 마침 유리 창문 한편을 열어둔 2층 강의실에서 몇몇 얼굴이 내밀어졌다. 그녀와 같은 학과인 문예창작과 2학년 학생들이었다.

"누구니?" 단발머리 학생이 싱글벙글한 낯빛으로 물었다.

"사랑하는 사람." 앳된 그녀의 대답은 자랑이 한가득 실려 밝았다.

"어머, 언제부터…?"

"보름 남짓 됐어."

"정말…! 부럽다. 종민아, 결혼하면 꼭 불러라."

저녁 예배를 마치고 교회를 나서는데 "선생님!" 하고 부르는 큰 외침이 들려왔다. 일행더러 먼저 가라고 이른 처녀는 다짜고짜 팔짱을 끼며 집까지 바래다 달라고 졸랐다. 나는 곁에 붙어서 걸음 보조를 충실하게 맞춰 줬다.

나의 손아귀를 힘껏 쥔 그녀가 돌아봤다. 나는 그녀의 양어깨를 세차게 끌어당겨 아직은 설면한 입술을 덮었다. 한 대의 차량 불빛이 꼭 달라붙어서 한 몸이 된 두 몸을 스쳤다. 비포장도로 좌측으로 그녀의 부모님 집이 있었다. 그 대문 앞에 선 두 남녀는 다시금 한 몸으로 서로를 힘껏 껴안았다.

혜화동 하숙집에서 양재동 교회까지 나들이는 쉽지 않았다. 그래서 간혹 출석을 빼먹고 부족한 잠을 채웠다. 그러면 여지없이 편지가 날라 왔다.

그녀의 편지 줄거리는 열애 감정으로 가득 차서 뜨거웠다.

"사랑하는 임이여, 보고 싶습니다.

지난주에 보지 못해 얼마나 걱정했는지 아시나요.

나에게 맞춘 시를 보고 싶은데 언제나 써 줄 겁니까?

우리, 사랑으로 웃어요. 동반자 연인으로 살 선생님과 저, 서로 소중한 존재가 아닌가요."라는 내용이 담긴 편지였다.

여자에 대한 이해가 부족했었고, 시인 등단 이후 경제적인 문제가 풀린 뒤 결혼하리라는 생각을 잠정적으로 설계하고 있었던 나는 언제부터인가 그녀를 그리워하는 관심이 점차 식어가는 것을 새삼 깨달았다. 교회에서도 별 얘기 없이 조용히 사이를 떼었다.

어느 한 날, 나는 하늘 높은 가을에 관한 시 한 편의 영감을 얻으려고 첫 애인과 함께 거닐었던 길을 가다 낯익은 생머리 여성과 마주친 적이 있었다. 나를 단번에 알아보고 상냥한 미소를 지은 여자는 이렇게 말했다.

"선생님, 바보. 나를 왜 버리셨나요. 시를 쓰는 만리동 사람을 만나고 있어요."

그렇다. 나는 숙맥 중의 숙맥이었다. 어수룩하여 상대방의 진심을 깨닫지 못했었고 앞을 내다보는 지각도 어렸던 데다 피부로 느끼는 감촉도 희박하여 사랑을 받아들일 줄도 몰라 오늘날 외로운 환경을 위로해 줄 행복을 스스로 차 버린 결과를 낳고야 말았다.

성경에서 가장 에로틱한 책명이 아가서이다. 정경에 포함한 것 자체가 에로틱한 재미에 푹 빠져 사려를 놓쳐버린 실수였지 않았나 싶을 정도로 낯 뜨거운 금서에 가깝다. 그러나 연애담 안에 깊이 숨겨진 아가서도 하나님께로 맞추어진 설교로써 소재를 해석할 거리는 충분히 많다.

아가서의 아가(雅歌, 히브리어 쉬르 하쉬림)는 문자 그대로 '노래 중의 노래'라는 뜻이다. 이스라엘의 3대 왕인 솔로몬 왕이 저자이다. 솔로몬왕의 호의호식 생활의 대표적인 사례는 외교 정책의 일환으로 이방 여인들을 궁궐에 대거 불러들였다는 이야기

외에도 후궁이 칠백여 명에 첩이 삼백여 명이었다는 것이다(열상11:3). 솔로몬은 그 수많은 여자 가운데서 단 한 명(술람미)만 진정으로 사랑했던 같다(아6:9). 이 이야기에서 솔로몬의 문란한 성생활을 엿볼 수 있다. 그래서 천하의 바람둥이로서 경험한 다양성의 기질로 이 작품을 쓰지 않았을까 생각을 굴려 본다.

아가서의 전체적인 맥락은 '노래 중의 찬양'이다. 찬양은 기뻐하는 자들의 목청에서 불린다. 잠시라도 떨어지면 불안에 떠는 연인들의 환송곡이다. 가슴을 벌렁벌렁 뛰게 하는 연애는 이토록 둘 아닌 한 몸으로 밀착되어 있다(고전12:12).

사랑하는 자는 자신이 상대방에게 속하였다는 것을 숨기지 않고 고백한다. 완전한 의지를 뒀다는 뜻이다. 간절하게 보고 싶다는 넘치는 사랑의 불길은 많은 물로도 끌 수 없다. 죽음보다 강한 사랑(아8:6)은 힘에 겹도록 살 소망까지 건 행복감에 도취하게 한다.

신앙생활을 연애하듯이 해야 할 터인데….

이삭 줍는 여인

땅의 마음을 그린 프랑스 화가 밀레(1814~1875년)의 그림 <만종>(晩鐘, 1857~1859년 작품)과<이삭 줍는 여인들>(1858년 작품)은 많은 예술인에게 영감을 불어넣어준 명작 중의 명작이다. <만종>의 탄생이 부유한 미국인인 토머스 G. 에플터의 청탁에서 비롯되었다면, <이삭 줍는 여인들>의 경우는 노동자 계급을 나타낸 화가의 사회 참여 작품이다. 초등 시절에 공동체 주거 복도 입구 위 벽면에 액자로 걸려 있었기에 오가며 자주 봤던 밀레의<이삭 줍는 여인>을 보노라면 성경의 한 인물이 떠오른다. 기원전 1100년경에 쓰였다는 룻기의 주인공 룻이다.

룻은 본래 모압[아브라함 조카 룻이 멸망한 소돔을 탈출한 이후 소알(작은) 굴에서 지내며 맏딸과의 동침으로 낳은 딸이라 하여 '아버지 소생'이라는 별칭이 붙었다] 여성이다. 그 지방에서 이스라엘사람 말론과 살림을 꾸려서 살다 약 십 년 만에 과부로 남게 된다. 이처지는 동서 오르바도 마찬가지였다.

어느 날 시모 나오미(마라, 괴로움이라는 뜻)가 두 며느리에게 "너희 나라 백성으로 돌아가 재가하라."라고 운을 떼었다. 오르바는 이때를 기다렸다는 듯이 즉시 작별했다. 반면에 룻은 자신 스스로 간곡히 붙든 시모를 따라 보리 추수시기를 맞은 베들레헴(예수의 고향, 떡집, 아랍어로 푸줏간, 옛 지명 에브랏, 창48:7)으로 들어온다.

두 여인에게는 당장 식량 마련이 시급했다. 룻은 시모의 허락을 받고 보리 이삭을 줍는 일에 뛰어들었다. 그 농장주는 나오미의 남편과 친족 간인 보아스였다. 룻의 강인한 생활력과 성실성을 며칠 동안 지켜본 농장주 보아스는 "여기서 떠나지 말라."라고 이르는 한편으로 소년들에게 일부러 이삭을 흘리라는 분부까지 내렸다. 그 첫 인연은 부부로 발전하기에 이르렀다. 그들 부부는 슬하에 오벳을 두었다. 오벳은 다윗의 아버지인 이세의 아버지이다. 오늘날 이스라엘의 국기가 다윗의 별이다.

단 한 번의 생

인생은 먹고 마시는 놀이터가 아니다. 놀이에는 내 욕망을 채우려는 사치와 방종과 인생 한탄의 원망과 저질스러운 정죄가 판을 친다. 그 뒤로 내뱉는 말은 "애초에 그러그러하게 생겨 먹었으니 그들에게서 생산되는 것들은 돼먹지 못한 온갖 쓰레기뿐이다."라는 말이다.

벨사살왕은 귀족 천 명을 위한 큰 잔치를 열었다. 그는 부친이며 전임 왕인 느부갓네살이 예루살렘 성전에서 탈취해 온 금·은그릇을 술잔으로 삼아 먹고 마시는 난잡함을 하나님과 사람들 앞에서 고스란히 드러냈다. 그때 사람의 손가락들이 나타나서 촛대 맞은편 석회 벽면에 글자를 남겼다. 그 글자를 취기 중에 보던 왕의 안색이 순식간에 사색으로 돌변했다. 넓적다리 마디가 녹진해진 가운데 무릎이 서로 부딪치는 현상이 일었다. 아무도 풀지 못한 그 글자를 급히 부름을 받은 벨드사살이라 하는 다니엘이 비상한 영적 지혜로 풀어냈다. 그 해석 내용은 '메네 메네 데겔 우바르신'이었다. 즉, 메네(하나님이 이미 왕의 나라를 끝나게 하셨다), 데겔(왕을 저울에 달아 보니 부족함이 보였다)이라는 뜻이었다. 보다 구체적으로는 왕의 나라가 나뉘어서 메대와 바사 사람에게 준 바가 되었다는 것이었다(단5:1~28). 신성 모독의 형벌이었다.

단 한 번만 주어진 너의 인생 목표는 무엇이냐? 인생의 중대한 전환점을 발견하는 것은 자신의 사명을 깨닫는 것이다. 나의 생명과 나의 사명이 만나면 자각심이 높아진다. 잎이 마르지 않는 상록수와도 같이 생명력이 싱싱하게 살아서 솟구친다. 구속을 입히신 예수의 심장으로 운동장 한복판을 힘차게 달린다(고전9:26). 병에도 안 걸리고 설사 병이 있다 할지라도 그 선을 뛰어넘어서 극복한다. 초는 제 몸을 뜨겁게 녹이며 빛을 발하지 않는가.

사명에는 특별 사명과 보통 사명이 있다. 전자는 지명하여 부르신(출3:4) 하나님의 주관에 모든 일상생활을 맡겨두고 "내가 너를 누구에게 보내든지 너는 가며 내가 네게 무엇을 명령하든지 너는 말할지니라(렘1:7)."의 순복으로 오늘도 순교 정신으로 복음 증언에 온몸을 던지는 영적 소유자이고, 후자는 세상에서 직업을 갖고(행16:14) 청함(마22:14) 받은 예배로 섬기는 하나님을 전도하는 소극적인 성도이다.

아브람은 "너는 너의 고향과 친척과 아버지의 집을 떠나 내가 네게 보여 줄 땅으로 가라(창12:1)."라는 말씀을 여호와로부터 들었다. 이 뜻의 영적 해석은 흙으로 지어진 육신의 잠시 잠깐 동안인 사고적인 감정에 휘둘리지 말고 보다 해방된 영혼을 좇으라는 것이다. 하나님의 나라는 말에 있지 않고 오직 능력에 있다(고전4:20).

하루에 일정량의 성경 장수를 넘겨 가며 공부하는 경건은 하나님께 예배드리는 것과 같은 무게를 지니고 있다. 신앙은 하나님께 의존하는 것이다. 신앙은 타인과는 무관한 성격을 지녔으나, 내적으로 변화된 개인의 그 영향에 따라 한 공통의 공동체를 형성한다.

사명을 가진 자는 진리로 믿는 그 목적이 달성되기까지는 절대 죽지 않는다. 아니, 그전까지는 절대로 죽을 수 없다며 더욱 더 이를 악물고 정열을 불태운다. "내가 곧 길이요 진리요 생명이니(요14:6)."의 말씀에는 구원을 초월한 영혼의 힘이 실려 있다.

사람들이 온갖 고행 끝에 깨달은 종교심이나 삶의 학문으로 남긴 철학 논변 등은 시대에 따라서 수정이나 탈색이 불가피하나, 성경 속의 그리스도는 "어제나 오늘이나 영원토록 동일하시다(히13:8)."

세대가 가고 오는 해 아래 이 땅 위의 피조물 세상에는 새로운 것이 없다. 옳고 그름의 우열을 가리는 지혜의 눈도, 구부러진 것을 곱게 펴게 하는 지식도 그때뿐이며 영원한 생명의 진리일 수는 없다. 지식은 한 시대상의 형상화에 불과하다. 그 대표적인 장르가 시와 소설 같은 문학 분야이다.

진실이 왜곡 없는 부분이라면 진리는 생멸 없는 영원불변이다. 설득의 힘이 기념비적으로 유순하게 강하여 보존 가치가 높다. 바로 예수 그리스도가 이런 분이시다(요18:37).

하나님의 섭리가 깃든 자연

어둠을 물리친 동창의 붉은 햇살이 내려앉아 있는 높은 바위 봉우리를 에워싼 안개 무리. 소리 없이 땅과 하늘로 은은하게 갈리면서 은구슬 방울로 풀잎을 적시는 영롱한 이슬. 그 너머에서 모습 드러낸 여인. 어디서 낯이 익다 싶은지 크게 키운 눈빛으로 가까이 다가오며 "절 모르세요?"라고 묻는다.

정열의 기쁨을 넘치도록 듬뿍 담은 상쾌한 목소리다. 내 편에서는 아직도 누군지 몰라 기억을 차근차근 유심히 더듬는데, "문학에는 문외한이나 시 읽기를 좋아하여 언젠가 선생님의 시 강의를 수강했던 적이 있어 똑똑히 기억하고 있걸랑요."라는 말이 귓전으로 흘러들었다.

"맞아요. 이런 데서 청취자분을 뵙다니 반가워요."

우리는 악수를 나눈 후 곧바로 다정한 한 쌍이 되어 새순 향기가 어리게 순한 연초록 숲길을 걸었다. 진달래 지고 철쭉꽃 핀 사이로 날개 치는 나뭇가지 위의 새들. 잡아먹히지 않으려고 몸을 피하는 몸집 작은 벌레들. 바위 벽면에서 낙엽 바닥으로 굴러 떨어지는 지느러미 개미.

"전 그때 확실치는 않으나 시는 애달픈 그리움으로 써야 형체가 불분명했던 사물의 대상이 비로소 현상으로 정해진다는 애찬을 느꼈어요."

"죄송한데요. 이 시간만큼은 시 이야기를 관뒀으면 합니다."

"왜요…? 시인 선생님을 만난 김에 시 세계로 들어가고 싶은데요."

"지능의 머리 기술로 꾸며낸 가상의 글귀보다 만물교아(萬物敎我)인 자연에서 배우는 여운이 더 기니까요. 보세요. 속임수 쓰는 잔꾀 없이 내밀부터 꽉 채운 신선함 얼마나 깨끗합니까. 무거운 삶에 지친 우리의 원기를 거뜬히 회복시켜 주고 있지 않습니까."

나는 송화를 갓 틔워 올린 한 그루의 소나무를 눈길로 가리키며 열변을 토해냈다.

"우리의 주거 생활과 달리 한데 생활로 기후의 영향을 그대로 받는 자연이 행복하다는 건 전 믿지 않아요. 부모님이 안 계시는 고아처럼 불쌍하기만 해요."

안색에 슬픈 기운을 띄운 여인의 음성은 처연했다.

"혈육이나 가진 것이라고는 제 몸뚱이 하나뿐인 고아는 고생의 상징이지만, 정신 바싹 차리고 살아가는 고아라면 독창성이 누구보다 강하지요."

"근심이 현명으로의 발돋움이라면 자기로부터 도망은 치지 않겠죠."

"땅속에 뿌리를 묻어둔 식물은 세찬 바람이 아무리 휘둘러서 때려도 흔들리지 않아요."

"감정이 없으니까요."

"목마른 증세를 한 줄기 가지를 말리는 모양새로 나타내고, 종자 다른 뿌리가 영역을 침범하면 가차 없이 덤벼드는 방어심이 나무들의 감정이 아닐까요? 또한, 흔들면 흔들리고 꺾이는 자체의 소리가 우리는 듣지 못해서 그렇지, 아픔을 호소하는 비명이 아닐까요?"

"식물들의 언어를 알아듣지 못하는 인간의 무치라고 이해하고 싶네요. 한데 지금의 자연 모습이 너무 아름답지 않나요?"

"저도 그렇게 보고 있습니다."

"이 시절이 지나면 아름다움은 사라지겠죠? 쭈그렁 할망구가 된 저와 비교해서 아름다움은 시들지 않는다는 건 순 거짓말이어요."

"창조의 능력이 운동하는 한 누구든 늙지 않는다는 게 제 주관적인 철학입니다. 진정한 사고는 집결된 기억으로 재건축되는 거니까요. 그러므로 과장해서 덧붙이다면 그들은 대가(大家)자들입니다."

"대단히 긍정적이시네요. 선생님은 자연은 환한 천품을 지녔다고 주장하시는 거죠?"

"평화의 띠로 연결된 대지의 초장은 아늑한 기쁨을 안겨 주지요. 그러나 애석하게도 그조차도 영원하지 못한 피조물의 단면일 뿐이죠."

"단면…? 속이 없다는 뜻인가요?"

"상상으로 모형을 그려낸 가형은 실상의 형체가 아니므로 그림자 없는 무의 공간이나, 실물은 그 자체로 이면의 속성을 안고 있기에 그 겉면을 깨인 눈에 한해서 언제든지 볼 수 있지요."

"단면에 대해 언뜻 드는 느낌은 짝 없는 외로움이에요. 혼자서만 남몰래 갈망하는 고독은 정말이지 몸서리쳐져요."

"외로운 고독이 수반되는 혼자 된 이는 자신을 돌아보는 시간이 충분하여 남을 위로하는 행복을 알고 있어요."

"어머, 저 새 원앙 아닌가요? 볏이 예쁘네요."

"봄을 만끽하는 행복한 새로군요."

"자연의 품에 안겨 있으니 살아 있는 자양이 싹터 오르네요."

"생명이 선사하는 희열에 젖은 음성이 아름다워요."

"어머, 부끄러워요. 쭈그렁 할멈에게 소녀 적 아름답다는 표현은 정말이지 모욕적인 사치에요."

"티끌의 거짓도 끼워 넣지 않은 진실이 성스럽다고 하신다면 지나친 과찬일까요? 불모에 잡혀있지 않는 마음은 광활하니까요."

"참으로 세상을 굉장히 넓게 보시네요. '지혜의 판가름은 질에 달려있다.'라는 누군가의 말이 실감 나네요."

"감격의 행복이라 하지요."

계곡 웅덩이에 다다랐다. 눈이 녹으며 고인 물이다. 은빛을 반사해 내고 있다. 피워내는 찬 기운에 낯이 시리다. 고요한 수면 위에서 유영을 즐기는 점막 개구리. 물속에 잠긴 바위틈 사이로 비세포성 피막에 감싸져 있는 알 무더기 보인다. 개구리 유생 한 마리가 아가미로 숨을 쉬며 솟구쳐 오른다. 두세 마리 올챙이가 서로 입을 맞춘 후 첫 번째 유생을 뒤쫓는다. 그보다 낮은 수중에서 몸통이 시커먼 물방개가 윤무를 치며 바닥권의 낙엽 더미를 헤친다.

"자연의 생태계는 구속당하면 금방 시들해져요. 내버려 둬야 저 혼자의 진가를 발휘하지요."

"절대로 달아나지 않으면서 무서운 폭풍도 견뎌내는 고유한 용기야말로 최상의 선(善) 작용이 아니겠어요."

"괴로운 불안 가운데서 훈련된 내실의 참을성이 본질을 지켜내는 비결이지요."

"하늘은 그렇게 자신을 극복하고 이겨낸 피조물을 축복하지요."

"귀 뒤를 긁적이며 빠져나갈 궁리나 하는 미지근성에는 호의는 없다는 말씀으로 들리네요."

"세상 무대는 일편하지 않아요. 일신의 안일로는 영광으로 오실 주님을 볼 수 없고(마24:30), 영안이 감겨있는 신앙인은 기름 준비를 못 한 미련한 열 처녀들처럼 대문 앞에선 예수를 알아보지 못해요(마25:3)."

"놀라워요. 그러나 하나님께서 예정해 놓으신 환경이라는 게 있잖아요."

"예정은 신변 보호를 받는다는 뜻으로써 그 미지의 일이 닥치기 전에 피할 곳으로 사전에 안내를 받지요. 그대로 수몰당하지 않게 하는 구제 은총의 소개이지요."

"그런 자격을 부여받으려면 처신을 어떻게 해야 할까요?"

"값비싼 물건은 절대로 빼앗기지 않겠다는 유익성 취득을 앞세운 이기심에서 탐욕의 다툼이 비롯된다고 보고 있어요. 내가 불의한 피해자라 할지라도 남에게 혐의를 씌우지 않고 차라리 속아 주면 적어도 시비의 빌미가 되는 원망다툼은 일지 않거든요(고전6:7). 하나님께서 억울하게 누명 쓴 나의 화를 대신 갚아 주실 거라는 내일의 믿음과 결연되어 있으니 서로 물어뜯는 원수 자들만 무수히 양성되고 있는 판국이에요. 하나님의 칭찬인 선의(善意)의 실종이 아닐 수 없어요."

"시인이 아니라 목사님 같네요."

"전 사람이 지어낸 책보다 생명의 숨결이 생생한 자연에서 하나님의 원칙 섭리를 더 많이 배우며 깨우쳐요."

"만남의 선물로 부탁 하나 드려도 되겠습니까? 저에게만 맞추어진 시 한 편 지어 주실 수 있으세요?"

아직은 쓸 만한 인물임을 은근히 부각시키는 여인의 표정에 소녀 적 미소가 피었다.

그대는 많은 나이에 비해 정신이 해맑은 소녀
얘기가 통하는 순수한 하늘의 별
차디찬 눈을 녹이며 제일 먼저 봄 기지개를 켜게 하는
시든 가슴에 생기 불어넣어 주는
'영원한 행복'의 별명을 가진 얼음새꽃
땅 밑 속삭임을 가슴으로 들을 줄 아는 신앙인

시인의 소명

시는 상상력의 산물이다. 시를 쉽게 읽히도록 썼다고 하나 전달되는 메시지가 가볍고 약하다면 쉬이 잊히기 마련이다. 뿌리 깊게 튼튼한 글이 아니라는 결론이다. '우아'는 거품을 부풀린 감정일 뿐이다. 영혼 깊숙한 곳에서 우러나온 맑은 가락의 시구(詩句)가 아니므로 능력 가치가 곤핍하다. 표지로 미뤄볼 때 책인 건 맞는데 펼쳐서 읽을 때 느낌이 빈약하다면 잘 만든 책이 아니듯이….

만물(萬物), 만상(萬象)을 소재로 삼아 시를 짓는 작업은 개인적인 작업이다. 시 역시도 이리 치이고 저리 치인 욕망의 삶에 지쳐 시름 병에 걸린 영혼들에게 자신의 참모습을 찾도록 격려하는 역할이 소명이다. 하나님에 대한 경외로 이끌며 나만의 위대한 은혜를 깨우치게 해야 하는 평면적 인도가 주어져 있다. 인간은 잿빛의 우울로 잃어버린 나를 찾았을 때 비로소 눈을 밝게 연다. 하나님과의 특수한 관계에서 만끽하는 감격이다.

하나님의 마음이란 환난의 역경 속에서도 내 안에서 운동(히 4:12)하시는 하나님의 말씀을 바깥으로 밀어내지 않고 끝까지 붙들고 있는 것을 말한다. 시련은 현실적인 부족감을 채우는 단련이다. 신앙인은 하나님의 눈으로 세상을 본다. 야곱은 마침내 이십 년 만에 상봉하게 될 형 에서가 무섭도록 두려웠다. 그는 형에 대한 감정을 푸는 대책으로 소유물인 가축을 선별하는 일에 착수했다. 떼어 놓은 그 무리 떼를 종들의 손에 붙인 다음 신변 안위의 걱정으로 잠이 올 턱이 없는 한밤중에 홀로 일어나서 찬 이슬이 맺힌 얍복 나루에 무릎을 꿇었다. 누군가와 몸 씨름이 벌어졌다. 상대는 죽기 살기로 워낙 세게 덤비는 야곱을 이길 수 없자 발질로 허벅지 관절을 냅다 차는 반칙을 동원했다. 신체를 절게 하는 장애를 입힌 그는 이름을 묻고 앞으로 네 이름은 야곱이 아니라 '이스라엘'["하나님과 겨루어 이겼음이라(창32:28)."]이라 부를 것이라는 미래의 축복을 던져놓고 홀연히 떠났다.

눈앞의 현실에만 몰두해 있으면 나에게 갇혀 있는 것이므로 모든 게 아무런 도움이 되지 않는 별개의 무정물로 보일 뿐이다. 시인은 그것들 속에서 신적인 광휘를 읽어낸다. 존재의 충만함을 발굴해 낸다. "주의 법이 나의 즐거움이 되지 아니하였더라면 내가 고난 중에 멸망하였으리라(시119:92)."

세상에는 덧없이 무의미한 것이 없다. 삶의 형태가 불분명하면 그림이 그려지지 않는 건 당연하다. 나의 실존 감을 망각했을 때 인생의 낙심에 빠져드는 것이다. 잠든 꿈에서 깨어나야 솟아나는 해를 볼 수 있다. 주변 환경이 아무것도 달라진 게 없는데 오늘 새로 태어난 것처럼 영혼의 기쁨이 힘차다면 부여된 가능성을 내다보게 되었다는 증언이다. 하나님의 숨결을 이 무렵에 체험적으로 흡인한다면 감화 작용이 크게 일 수밖에 없다. 변치 않는 의기가 곧 신(信)이다.

믿음은 모든 사람의 것이 아니다(살후3:2). 구원받음이 예정되어 있다 할지라도 깨닫지 못하면 멸망하는 짐승과 다를 바 없다(시49:20). 그 짐승의 혼은 땅으로 내려가게 된다(전3:21후). 반면에 인간의 혼은 위로 올라간다(전3:21상).

사람의 일은 학습을 통해 체계를 잡아 나간다. 신앙 성장 역시도 이와 비슷하다. 그러나 그와 크게 다른 점은 부단한 노력에도 불구하고 하나님께서 책임지고 이끌어 주시지 않는다면 소용이 없다는 서글픔이다. 한이 쌓이는 억울함일 수 있다.

신앙은 오해의 바탕에서 시험으로 자라는 경우가 잦다. 오해는 왜곡과 잘못 내린 판단과 그릇된 편견에서 자란다. 그러므로 모든 문제의 해답인 성경을 정숙한 영안으로 정독하는 자세가 매우 중하다(딤후3:16). 성경을 자기 형편에 맞춰서 읽는 것도 경계해야 할 주의 부분이다.

교회의 올바른 가치

지식은 크게 두 부류로 나눠 볼 수 있다. 개인적 경험에서 축적한 내재적 지식과 공동사회의 이용 편리 차원에서 기록물로 남긴 외재적 지식이 그것이다. 지식은 자료이다. 지식은 존립의 기반이다. 지식은 생산성을 지니고 있다. 무지한 자는 상황 분별력 및 인식력이 약하여 필요할 때 해답을 얻지 못하나, 발전의 도약인 지식은 행동 경쟁에 뛰어들어 좋은 성과를 얻어낸다.

사회 양식은 기본적으로 사실에 중시를 두고 있다. 사회는 구조상 종교와 무관하게 움직인다. 그 사회 밭에 종교적인 씨앗을 뿌려 나가는 당사자는 국가적으로 자유가 보장된 각 종교에 소속된 사람들이다. 그러므로 사회 전반이 골고루 건강해지려면 종교심을 가진 사회인들이 먼저 건강해야 한다는 점은 기본이다.

무엇이 교회 역사의 올바른 가치일까? 이 땅은 선과 악이 공존하는 인간들의 세상이다. 두 부류는 사람이 모이는 어디든지 그 영향을 끼치고 있다. 교회는 지역 사회의 뿌리이다. 교회의 본질은 죄인들을 하나님의 자녀로 양육하는 부활의 부서이다. 그 중심 교재는 절대적인 권한을 쥔 성경이다. 교회의 교육도 일반 교육과 다름없이 미래에 대한 투자에 맞춰져 있어야 하고,

교회의 그보다 한 차원 높은 교육은 예수의 피로 구속의 은혜를 입은 영적 성도들에게 영원한 안식처인 본향 천국을 좌우로 치우침 없이 일편단심으로 바라보게 하는 것이다(빌3:14).

교회는 누구는 환한 낯빛으로 환영하고 누구는 들어오지 못하도록 코앞에서 문을 닫아버리는 차별을 둬서는 안 된다(약2:1~4). 교회의 중심을 잡아가는 대상이 성도들이냐, 목사냐의 논란이 상존하고 있는 상황을 짚어서 말한다면 구심 주체는 성도들이고, 포괄적인 처리는 목사에게 주어져 있다고 할 수 있다. 그 위로는 교회의 머리(골1:18)이신 예수님이 계신다.

교계 내의 우려는 변치 않는 진리(요8:32)탐구의 학문보다 학벌 취득에 매달려 있다는 세속적인 답습의 행태에 맞춰져 있다. 훌륭한 목회자는 결단코 교회의 질을 떨어트리는 싸구려 성도를 배출하지 않고, 존경심이 우러나오는 신실한 신학자는 결단코 매운 연기를 피우는 제자를 사회로 밀어내지 않는다. 어느 신학교를 졸업했고 박사 학위가 몇 개라는 자랑도 십 년이면 족하다. 그 이상 더 하는 것은 자신을 알아달라는 압력일 수 있다.

성도의 신앙 질이 낮으면 사회는 비웃음거리로 화답하고, 신학생이 골고다 십자가를 짊어지겠다는 굳건한 의기보다 환상적인 물질부터 좇는다면 사회의 부패지수는 한층 더 높아진다.

일반 교육이 사람다운 사람으로 되게 하는 기준이라면, 천군(天軍)훈련도 겸한 신앙 교육은 빛과 소금이 되게 하는 보루이다.

위험한 징후

사람들의 속박에서 벗어난 개인적 수양에서 하나님과 보다 친밀하게 가까워진다. 그런데 그 관계 지속에서 갈등 상황이 빈번하게 일어난다는 점이다. 이 경우에서 가장 심각한 문제는 수년간 다진 나의 경험의 지혜와 지식만이 옳다는 결벽적인 주장이다. 그 감(感)에 사로잡혀 하나님을 설득해 보겠다는 주장을 굽히지 않는 대상은 오랜 습관의 이행으로 발길을 교회로 내딛는 성도이다.

지각(案)이 없는 머리로 믿는 자는 단순한 성도이다. 이 버릇에 깊이 길들여져 있는 사람은 '구원의 약속을 받아뒀으면 됐지.'라는 단지 당사자의 입맛에 맞는 사고를 바탕으로 하나님과 별다른 교제를 하지 않는 사람들이다. 그들은 사실상 그 말씀을 기피하며, 영적인 헤아림 없이 이 땅의 일만 열심히 챙기는 세속인들이다. 분명한 경종은 교회문턱을 넘나든다 해서 하나님의 자녀이자 구원자가 아니라는 점이다. 하나님 뜻과 무관한 답습 행위는 불순종이다. 자신 보존의 담보로 불순종을 나타낸 죄목은 "나는 너를 알지 못한다(마7:23)."이다.

모세의 지시로 눈의 아들 호세아에서 여호수아로 개명한(민

13:16) 그와 여분네의 아들 갈렙 외에 열 명은 앞으로 정복할 가나안 땅을 사전에 정탐하는 사명을 짊어지고 길을 나섰다. 사십 일의 일정을 마치고 무사히 돌아온 그들은 백성을 향해 보고를 올렸다. 그 자리에서 열 명의 정탐꾼들은 하나 같이 그 땅의 거주민들은 강하며 성읍은 견고하다는 악평으로 공포감에 휘말리게 했다. 이에 반해 여호수아와 갈렙은 아낙 자손들이 비록 장대한 거인이라 할지라도 '우리의 밥'이니 두려워하지 말라는 용기를 불어넣어 주었다. 결국 부정적 환경을 보고한 열 명의 정탐꾼 모두는 훗날 전염병 재앙으로 최후의 죽음을 맞았다(민13:37).

개인의 감각은 개인의 단계에서만 유효하다. 오만은 방심을 불러들인다. 신앙생활이 오래인 성도들이 주의를 기울여 경계해야 할 대목은 '완고한 고집,' '기성적 우월감', '지적 허영심', '자기도취' 등이다.

목표를 세워 실천해야 할 대목으로는 '성경 내용 전체 섭렵', '기본에 충실한 자세', '바른 인성', '편견 없는 시각', '평범한 것을 높게 생각하는 도약', '작은 것을 크게 보는 응시', '아우르는 안목', '조율하는 능력', "물은 깊을수록 조용하다.", "성실은 어떤 말보다 무게감이 있다." 등이다.

사랑 안에서는 두렵지 않다(요일4:18). 모든 게 희망적이다. 두려움에 떠는 공포는 나를 잃게 한다. 신앙은 시류를 타는 일시적인 유행이 아니다. 한 철 지난 옷만 입어도 시대에 뒤처진 복고풍이라 느끼게 만드는 일회성 의류 품목이 아니다. 오늘의 나를 선도하는 저력의 신앙은 어제까지 축적해 둔 성숙에서 떠받혀진 것이다. 가장 창조적인 신앙은 기도를 통해 철저히 검증된 응답의 지혜를 믿음으로써 성취를 여는 것이다.

삶의 희망은 내 안의 예수 사랑에서 일어난다(요일4:10). 하나님의 말씀은 과거 시제에만 머물러 있지 않고 바로 이 순간을 살게 하는 생명력이다. 성경은 볼 때마다 처음 대하듯이 매 순간 받아들이는 은혜의 감동이 새롭게 다르기 때문이다.

신앙의 위험 징후는 믿음으로 묻지 않고(삼하2:1) 제멋대로 성읍으로 발길을 내달리는 데서 온다. 물음은 상대방을 인정하는 것이다(잠3:6). 반대로 생각만으로 문제를 쌓아두는 행태는 상대를 노골적으로 회피하는 미움의 바탕이다.

성도는 그리스도의 부름을 받고 하나님의 자녀가 되어 거룩한 성별을 입은 그리스도인(행11:26)이다. 그보다 구체적인 확립은 하나님의 소유(엡2:1)이면서 그 힘을 빌려 세상을 판단(고전6:2)하는 권한을 부여받았다는 영광이다.

성실한 신앙

성기(成己)는 자아 완성의 기틀이다. 한층 더 깊은 그 바탕에는 신앙 인격의 성찰 과정인 성실의 뿌리를 안고 있다. 성실은 믿음의 신뢰이다. "믿음이 없이는 하나님을 기쁘시게 하지 못하나니(히11:6상)…."라는 구절과 맥을 같이한다.

변화무쌍한 세상살이에서 언제까지나 한마음을 지키는 일편단심의 신의는 쉽지 않다. 자신의 꿈의 실현을 이뤄 보려 뛰어든 사회에서 만난 상대가 누구냐에 따라서 본심과 전혀 다른 선별적인 대처 능력을 나타내야 하기 때문이다.

신실한 성도에게는 영들을 분별하는 은사가 있다. 특히 약한 자를 대상으로 삼는 거짓말쟁이의 혀는 천하를 다 줄 것처럼 화려하다(마4:8~9). 거짓말쟁이는 사도 바울이 신랄하게 지적한 것처럼 "악한 짐승이며 배만 위하는 게으름이다(딛1:12)." 이처럼 거짓된 자에게는 남을 함정에 빠트리는 속임수가 있다.

존재의 인격이 부실하면 그 성격도 부실하다. 자신에게나 남에게 불성실한 자는 사명감을 잃고 사는 사람이다. 왜냐하면, 사명감 수행에는 인내 수반이 요구되는 성실한 신앙이 뒷받침되어야 하기 때문이다. 그렇지 않으면 감당이 힘들다.

거짓은 기한이 잠깐인 성공만을 맛볼 뿐이다. 그 말을 들은 상대가 씹는 뒷맛은 괴롭도록 심경이 뒤틀린다. "그(한 영)가 이르되 내가 나가서 거짓말하는 영이 되어 그의 모든 선지자의 입에 있겠나이다(역하18:21)."

거듭 같은 얘기지만, 사람의 생각과 행위에는 거짓이 있다. 자신 편리에만 맞추려는 허위(虛僞)병법의 수단이다. 참된 인간관계가 성립될 수 없다. 내일 다시 볼 수 있는 우정이 다져질 리가 만무하다. 매끄러운 혀의 말과는 너무나 대조적이라 그나마 간직했던 사랑도 식지 않을 수가 없다. 진실성의 결핍이라 맡겨보려 했던 모양 자체를 불안감으로 인해 거둬들이게 만든다. 될 성싶었던 일을 그르치게 하거나 잘되어 가는 계획도 무너지게 하는 요인이다.

성실은 체내의 혈(血)과 같다. 성실성이 결여된 생활은 진중함이 없다. 성실의 원리는 속임수 없는 신의이다. 신의한 사람은 성실한 장인정신으로 완성도가 높은 물건다운 물건을 만들어 낸다. 스스로 하자를 안은 불량품을 용납하지 않는다. 그래서 한마디 말에도 빛의 생명이 약동한다.

우주의 질서는 엿새 동안 창조하신 하나님께서 운행하신다. 만물귀근(萬物歸根)이라는 말처럼 인류의 세상일에도 순리의 궤도가 있다. 인간과 인간 간의 도리인 선에 선을 지키는 정도(正道)를 말하는 것이다. 곡물을 수확하는 데는 곡식의 마지막을 여물게 하는 기후가 중요하다. 이 무렵에 내리는 큰비로 농부의 일 년 동안의 수고가 한순간에 파괴될 수도 있다. 소설의 말을 빌리자면 "현실은 항상 단 하나밖에 없다."

인간은 의도와 의지에 따라 사람을 만난다. 자주 만나면 촉진이 일어나 서로 가까워진다. 행복의 창의는 성실한 만남에서 비롯된다. 신앙인의 삶은 하나님과의 끊임없는 대면이다. 쉴 새 없이 교제를 나누는 가운데서 영혼이 잘됨 같이 범사가 잘 풀리는 강건한 결실을 목도한다(요삼1:2).

"모세가 그 마친 모든 것을 본즉 여호와께서 명령하신 대로 되었으므로 모세가 그들에게 축복하였더라(출39:43)."

믿음의 질

인간이 꿈꾸는 과학의 발달은 눈부시다. 알파고의 활력은 이미 인간의 지능을 뛰어넘었고, 이젠 우리 인간은 우주여행 시대를 목전에 두고 있다. 손아귀에 꽉 쥐어진 한 대의 스마트폰 안에는 언제든 먼 거리에 있는 사람과도 육성 통화를 할 수 있게 해 주는 기능이 기본 소양으로 탑재되어 있고, 1분 전에 일어난 세계만방의 사건·사고 뉴스들을 수시로 다루는 온갖 정보가 들어있다. 아주 훌륭한 격변의 발명품이다. 6·25전쟁 이후에 태어난 베이비붐 세대들이 그 당시에는 감히 상상할 수 없었던 오늘날의 문명혜택을 멀뚱거리는 시선으로 받아들이는 이유 중 하나이다. 덩달아 인간의 수명도 50년 전에는 평균 60세에 불과했었으나 2017년에는 82세로 늘었다. 100세 장수 시대 얘기도 심심치 않게 사회의 중심 화자로 자리 잡아 가고 있다.

어마어마한 물량 투자로 도심의 기능을 유지하는 산업이 토해내는 연기로 인해 한층 더 나빠진 공기를 어쩔 수 없이 체내로 호흡하여 제 명을 채우지 못하고 부음을 맞는 인구가 느는 실정이다. 여러 가지 이유로 사망하는 자의 수가 신생아 인구를 앞지르고 있다니, 이제 인구 감소는 초읽기에 들어서있다. 이 한편으로 장수를 누리는 인구도 늘어나는 추세이다. 그들의 장수 비결은 욕심을 부리지 않는다는 것이다. 가공식품을 피하고 영양소가 풍부한 먹을거리라 할지라도 적은 양만 식사한다. 또한, 흐르는 맑은 자연수로 체내의 독소를 배출하는 것은 물론이고 깨끗한 자연의 공기 속에서 여생을 보낸다는 것이다.

하나님을 앙망하는 데 있어서 좋은 양질의 믿음은 죄의 모양을 그리게 하는 욕망을 버리는 것이다(약1:15). 임의적인 싸움으로는 안 된다. 기력이 쇠해질 뿐이다. 성령의 도움을 받아야 한다. 문제는 기독교인들의 대다수가 성전 미문에 앉아 그 문을 드나드는 성도들의 한 닢, 한 닢의 동전으로 생계를 연명하는 앉은뱅이가 베드로와 요한의 주목을 받고 자리에서 일어나 걸으며 뛰게 된 그 신유 기적에만 관심을 두고 있다는 점이다(행3:1~10).

기독교 성도들의 하나님을 아는 지식은 너무나도 얕다. 스스로 공부하거나 독서로 하나님을 배우려고 하지 않고 목사의 강단 설교로만 무지를 살짝 덮는 성도들이 수두룩하게 많다. 영적 침체의 주요 원인이다. 다메섹으로 행해 가다 "사울아, 네가 어찌하여 나를 박해하느냐(행9:3)."라는 하늘의 음성을 들은 직후부터 전혀 달라진 새로운 사람으로 거듭난 사울은 "나보다 먼저 사도된 자들을 만나러 예루살렘으로 가지 않고 아라비아로 갔다 다시 다메섹으로 돌아왔다(갈1:17)."라고 간증했다. 그

삼 년의 기간 동안 바울은 철저한 회개와 더불어 하나님의 말씀인 성경을 집중적으로 파고들었다. 그의 각고의 희생으로 기독교의 체계가 갖춰졌다.

무지로는 하나님을 대변할 수 없다. 교회 밖 이방인들이 성도들을 깔보는 사례 중 한 말이다. 자신의 구원에 대한 확신을 더욱더 굳세게 다지기 위해서는, 다시 말해서 "내 백성이 지식이 없으므로 망하는 도다(호4:6)."라는 꼴을 당하지 않으려면 부단히 깨우치는 공부를 해야 한다. 배움은 믿음의 질을 높여준다. 배움에는 발전의 기쁨이 있다. 배움에는 인성을 바르게 키우는 전인교육의 속성이 포함되어 있다. 전인 형성은 여러 능력을 조화로 맞추는 균형이다. 이성의 믿음, 지성의 소망, 덕성의 사랑을 두루 갖춘 평준이 사리(事理)를 갖춘 전인성이다.

공부는 하면 할수록 자아실현이 공고해진다. 공부에는 의향의 범위가 넓어지는 은혜가 실려 있다(고후6:13). 또한, 지략(智略)이 크게 열린다. 인간은 하루라도 배우지 않으면 속물로 전락하는 속도가 빨라진다. 목사나 학자 수준에는 못 미칠지라도 적어도 자신의 존립을 세울 수 있는, 하나님과 마음이 통하는 대화를 나눌 수 있는 정도의 지식은 겸비해 둬야 하지 않을까? 편달(鞭撻)의 뜻은 매질로 자신을 바로잡는다는 것이다.

누구에게나 내 안에는 남들이 알지 못하는 위대한 재능이 있다. 잠들어 있는 그 믿음의 비밀(딤전3:9)을 발굴하는 데는 성경만 한 책이 없다(딤후3:16). 인간이 게을러지기 쉬운 배경에는 환경적인 비중이 크게 작용한다. 배가 부르면 벽에 기대거나 바닥에 눕고 싶어 하는 대상이 인간이다.

"주의 약속은 어떤 이들이 더디다고 생각하는 것같이 더딘 것이 아니라 오직 주께서는 너희를 대하여 오래 참으사 아무도 멸망하지 아니하고 다 회개하기에 이르기를 원하시느니라(벧후3:9)."

눈은 몸의 등불

나는 항시 한 방면에서 성공했다며 어깨를 으쓱거리고 환호성을 지르는 사람들을 폄하하며 낮춰보는 대가들로부터 거리를 둬 왔다. 누굴 추종한다는 것은 내 성미 상 알레르기가 일 정도로 치욕적인 일이라 여기기에 작은 성취에 만족하는 보통의 인물들하고만 지순한 교류를 나누고 있다.

'인생이란 무엇인가?'라는 자문에 대한 유의미한 해답을 얻기 위해 철학적인 고찰로 한 우물만을 파고드는 학구파 사람들의 고도로 깊은 사상과는 거리가 멀게 그들의 언행은 규칙 없이 단조롭다. 이것저것 연결 지어서 깨닫는 지식 체계가 어설프기에 어떤 한 가지 일을 달성하기까지 실수에 실수를 낳는 시행착오를 수없이 거친다. 그래서인지 그들의 행동 범위는 방 크기에 불과하다. 자신만 봐 달라는 읍소가 유독 강한 이유의 배경이다.

허나 그들은 그 좁은 밀접함으로 인하여 무엇이 진실이고 무엇이 거짓인지를 단번에 간파할 줄 아는 눈썰미를 갖추고 있다. 기도로 영안이 열린 혜안의 능력이라기보다는 부대끼는 상호작용 속에서 일가견을 쌓은 평심의 지혜이다. 그들은 손해에 민감하고 움켜쥔 손이 억세면서 미움 어린 질투와 시기로 남 흉을 곧잘 본다. 그들은 지나간 날들의 아쉬움을 쉽사리 토로해낸다. 옷자락을 스치며 맺게 된 사소한 인연을 소중하게 받아들이는 한편으로 "누구는 집 샀네." "누구 아들은 회사 취직했네."라는 소소한 주변 이야기로 웃음꽃을 피우며 커피가 식는 줄도 모르고 시간을 보낸다. 그들을 주도권을 쥐고 호의호식하며 오만 떠는 대가들보다 훨씬 존경해마지 않는 까닭은 기쁨도, 슬픔도 함께 나누는 인간미가 물씬 배어있기 때문이다.

광화문 거리를 혼자 외롭게 걷는 인물은 지난 정부 때 장관을 역임했던 사람이다. 준비된 한 정책을 발표할 적마다 전 언론사에서 앞 다퉈 보도했던 그 시절의 화려한 모습은 온데간데없이 양어깨가 축 처져 있다.

그의 허무감은 높은 자리에서 내려오면서 주변을 둘러보는 운신의 폭이 한층 좁아졌다는 데서 오는 일종의 우울증 증세이다. 초조와 불안은 조명받았던 옛 영화의 그림자이다. 그 해결책은 기존에 익혔던 풍경을 잊고 다른 세상으로 관심을 돌려 보는 것이다. 누구에게는 쉽지 않고 힘들 수 있는데 그 원인은 자신을 지나친 보수로 감싸기 때문이다.

환경을 바꾸는 인생의 전환이 곧 새로운 도전이다. 어두컴컴한 구덩이에서 제일 먼저 착수해야 할 현실은 그 속에서 우선 탈출하는 것이다. 그러나 고답한 정신의 소유자는 자신이 고립된 함정에서 쉽사리 빠져나오지를 못한다.

삭개오는 뭇사람들로부터 몰매와 욕을 듣는 세리장이다. 어느 날 그는 여리고를 지나다 무리가 내지르는 환호성을 들었다. 그들의 열렬한 환영을 받는 사람은 하나님의 독생자로서 "내가 곧 길이요, 진리요, 생명이니 나로 말미암지 않고는 아버지께로 올 자가 없느니라(요14:5)."라는 믿음의 소망 이야기를 들려주면서 영생의 하늘나라로 인도하신다는 바로 그 예수였다.

삭개오는 과연 소문대로 그의 하늘을 찌르는 불패의 인기비결이 자못 궁금해졌다. 그러나 인산인해로 인해 가까이 접근을 할 수가 없었다. 더구나 키가 작아 사람들의 어깨너머로도 예수를 볼 수 없었다. 그의 눈에 돌 무화과나무가 들어왔다. 그는 그 나무에 올라서서 아래를 굽어보며 예수의 말씀을 경청했다. 예수의 눈길이 그와 마주쳤다. 이어 "삭개오야, 속히 내려오라. 내가 오늘 네 집에 유하여야 하겠다(눅19:5)."라는 지극히 개인적인 말씀을 들었다.

가슴을 열지 않으면 그 영혼은 자유로울 수 없다. 자유로워지는 것에서 충만이 채워지는 것이다(요14:17).

눈은 몸의 등불이다(눅11:34). 눈이 밝은 자는 세상을 본다. 길목의 돌부리에 발이 걸리자 감겼던 눈이 번뜩 뜨인다. 눈길이 맞춰진 새하얀 목련, 비웃는 걸까? 아니면 그나마 다행이라며 위로하는 걸까?

맑은 햇살. 공기 중에 넘치는 빛과 그림자. 겨우내 헐벗었던 산중. 어제 내린 비에 생령이 피어오른다. 가슴이 풍요롭다.

힘이 약해져 가는 교회

나의 인생관은 무엇인가? 그 지향점을 어디에 맞춰두고 있는가? 이 땅에서 나의 사명은 무엇이고, 서야 할 자리에 나는 진정으로 서 있기는 한 걸까?

현대판 노예란 아무런 비전 없이 그저 하루하루의 시간이 무사하기만을 비는 나약함을 가진 존재를 말한다. 영혼이 없다는 비하는 상상력의 결핍을 의미한다. 자신의 설계대로 제 세상을 구축해 보겠다는 궁극적인 목표가 없으니 자신에게는 물론이고, 사회나 국가에 대한 책임 의식도 희박하다. 물에 물 탄 듯, 술에 술 탄 듯 주어진 삶의 의미가 뜨뜻미지근하다(계3:16).

한 공간의 일원으로서 그곳에 존재하고 있기는 하나 그다지 도움이 안 된다? 사업주는 경쟁 시대에서 회사의 이미지를 높여 줄 직원을 선호한다. 여기에 부합되지 않게 존재감이 무의미하다면 그 직원은 불필요하다는 낙인이 찍힐 수밖에 없다.

하나님은 천지를 창조하신 전능한 분이시다(창1:1). 지능형 로봇이 인간들의 일자리를 잠식하는 시대로 접어들었다. 현상 유지만을 위한 기계적인 나태로는 더 이상 발을 붙일 수 없게 될 날도 멀지 않았다. 살아남으려면 이를 악물고 더욱 현실을 뛰어넘는 큰 이상적인 창의력 계발에 힘쓰지 않으면 안 된다. 그렇지 못하면 절체절명의 상황으로 내몰릴 수 있다. 회사가 내게 무엇을 해 주기를 바라기에 앞서 내가 먼저 회사를 위해 무엇을 해야 할까에 대한 선견지명을 말하는 것이다.

지레짐작으로 어렵다며 고개를 절레절레 내저으면 아무것도 할 수 없으나, 도전 의식이 상승하면 의외로 일이 쉽게 풀리는 게 세상사이다. 생각의 힘은 영혼에서부터 솟아오른다. 그 지식은 기회를 생성해 낸다.

사회성이 강한 개미는 여름에는 산 북쪽에서 모여 살지만, 겨울에는 산 남쪽의 양지바른 지대에서 생활한다. 왜 그럴까? 그 땅 8~9㎝ 밑에 목마름을 해소할 생명수가 흐르고 있기 때문이다.

사회적으로 교회의 힘이 약해져 가고 있다. 교회는 성스럽게 체질건강 유지를 위한 기도를 해 줘야 할 사회로부터 되레 고질병에 시름시름 앓는 걱정스러운 시선을 받는 처지로 전락해 버렸다. 이 흐름에 합류한 또 한 측의 배후로는 비판에 비판으로 사탄의 공격을 일삼는 반 교회주의자 집단이 있다. 그보다 더 심각한 문제는 그 세력들의 악담에 대응하기 위한 교회의 결집력이 너무 취약하다는 안타까움이다. 목회자와 구성원들의 간교·음행·사생아 출산 등의 도덕성 부재와 맞물려 세속 유입 및 사분오열로 찢어진 이권 다툼을 넘어 교단 내 각종 이견 노출과 부정부패로 제대로 힘을 쓰지 못하고 있는 형편이다. 지식이 없어서 밀리는 게 아니라(호4:6), 갈아엎어야 할 묵은 땅(호10:12) 방기의 산물이다.

외부의 공격은 하나님이 내리시는 영적으로 깨어있으라는 채찍의 경고이다(마26:41). 상반되는 물력의 힘과 겨루려면 먼저 신앙의 뒷받침인 심중부터 성결해야 한다. 내가 나의 힘이 되어야 할 터인데 자신감이 침륜에 빠져 있다? 조화가 없는 실패의 지름길이 아닐 수 없다. 그럴듯한 모양새로 남을 설득하기보다는 자신부터 가슴을 찢는(욜2:13) 애통을 치러야 한다.

솔로몬 시대 때 이스라엘은 건축된 하나님의 성전을 중심으로 부강했다. 그러나 그 과정에서 희생된 백성들의 신음과 깊어진 앙금의 골은 폭발 직전에 이르렀다. 솔로몬이 다윗성에 안치됐다. 그의 아들 르호보암이 뒤를 이어 왕직을 승계했다.

그 무렵에 솔로몬 왕과 원수 같은 갈등을 빚고 왕의 낯을 피해 있었던 여로보암이 애굽(이집트)에서 돌아왔다. 여로보암 일행은 르호보암에게 "왕의 아버지께서 우리에게 시킨 고역과 메운 무거운 멍에를 가볍게 하소서. 그리하시면 우리가 왕을 섬기겠나이다(역하10:4)."라는 간청을 올렸다. 왕은 사흘 후에 답을 주겠다는 답변을 내고 그들을 돌려보냈다. 약속된 날짜인 사흘 후 여로보암 일행들과 다시금 대면한 왕은 "이 백성을 후대하여 선한 말로 기쁨을 안겨 주라."라는 앞전 원로들의 충정 어린 호소를 배제하고, 그 뒤로 만난 함께 자란 젊은 신하들의 "내 새끼손가락이 내 아버지의 허리보다 굵으니 내 아버지가 너희에게 내렸던 무거운 멍에보다 더한 전갈의 채찍으로 다스리겠다."라는 대리 엄금으로 백성들에게 크나큰 절망감을 안겨 줬다(역하 10:10~11). 이 폭풍의 소용돌이로 남 유다와 북이스라엘로 분단되는 비극이 초래되었다.

유대인들에 대한 적개심이 매우 강했던 칼리굴라(로마제국 제3대 황제)는 신으로 숭배받기를 원했다. 그러나 유대인들은 절대로 받아들일 수 없었다. 황제는 한 가지 꾀를 냈다. 예루살렘 대성전 안에 자신의 황금 조각상을 세우라는 명령이었다. 유대인들은 신앙의 자존심을 건드린 황제의 미친 명령을 절대로 수용할 수 없었다. 황제가 심한 중병을 앓고 난 이후 정신이상의 증세인 난폭과 변덕스러운 기질이 기어이 폭발한 것이라고 받아들였다. 종교와 관련해 금지된 일은 절대 허용하지 않는 유대인들은 황제의 신성모독에 치를 떨었다. 다행히 페트로니우스(시리아 총독)의 지혜 발휘로 조각상 문제는 차일피일 미뤄지다 결국에는 철회되었다. 그로부터 4개월 뒤에 칼리굴라는 살해당했다.

기원 후 640년경에 기독교는 광활한 대지를 잃었다. 수백 년간 예수를 섬겼던 시리아·팔레스티나·이집트·터키·북아프리카 일대가 이슬람교를 받아들이면서 교회 문들은 닫혔다.

보통의 성도

감사는 신앙의 척도이다(살전5:18). 단지 순간적인 짧은 기쁨이 아니라 나를 둘러싼 어떤 환경에서든지 그리스도와의 결속을 굳게 믿고 하나님의 뜻에 접근해 가는 분별력이다. 그러나 인간의 감정은 한결같지 않다. 자신의 처지에 맞추어 언제든지 언행이 바뀔 뿐만 아니라, 자신의 형편에만 맞추려는 시도로 하나님과 척을 짓기도 한다. 이 예를 들고 보통 성도의 믿음 성향을 살펴보자.

사회성이 강한 보통 성도는 전통을 지키는 신앙인에 비해 주일 엄수에 느긋하다. 주일예배를 빼먹으면 그 벌의 대가로 개인적인 삶의 계획이 누군가의 방해로 틀어지거나 교회나 집안을 밝히는 촛대(계2:5)의 축복이 혹 다른 사람에게로 옮겨지는 것이 아닐는지 죄책감으로 부들 떠는 신실한 성도들과는 달리, 주일예배를 드리는 그 시각에 영화나 골프를 곧잘 즐긴다. 세속인들과 별반 다를 바 없이 먹고 마시는 데 물질과 시간은 마음껏 아끼지 않고 쓰면서 중심에서 미뤄낸 성경의 가르침은 등한시한다. 하나님은 나의 일상생활과는 아무런 관련이 없다는 태도를 앞세워 특정한 교회 행사에도 별 관심을 기울이지 않는다. 당연히 예수 이름만 겨우 아는 수준에 불과한 행함 미약의 미지근한 믿음이다(계3:15).

휴일의 아침 일기는 화춘(花春)을 재촉하는 봄비가 부슬부슬 내렸다. 그 축축한 일기 탓에 미리 일정을 잡아 놓은 나들이 계획 실행이 썩 내키지 않았다. 그런데도 그는 자신과의 약속은 지켜야 한다면서 집을 나섰다. 그쳐가는 약한 빗줄기는 우의를 벗어 배낭 안에 넣게 했다. 산을 타는 등산객의 수는 날씨 탓에 소수에 불과했다. 북한산 보현봉 정상에 다다랐다. 이편 산 높이에 비해 한층 낮은 북악산 너머 종로통의 마천루 도심이 한눈에 내려다보였다. 빗물을 가득 머금은 바위 경사면은 아무런 위험도 알려 주지 않고 우러러 침묵으로 일관했다. 그는 다년간 오르내려 산을 잘 타는 자신의 경험을 믿고 등산화 발을 앞으로 살짝 내디뎠다. 그때 왼발이 미끄러지면서 아차 순간에 절벽 아래로 굴러 떨어졌다.

그때 마침 그보다 해발 높이가 낮은 저 아래편 바위 위에서 비닐을 둘러쓰고 기도하던 한 남성의 눈이 번뜩 뜨였다. 안면만 내놓은 비닐 안으로 빗물이 새어드는 양을 좀 더 보완하려 눈을 떴다 회전하며 낙하하는 찰나의 검은 물체를 목격한 것이었다. 그렇지만 그는 하나님과 약속된 작정 기도 중이라 자리를 뜰 수가 없었다. 기도하던 자는 앉은 자세에서 빠르고 큰 목청으로 누군가를 불렀다. 그 큰 난리의 외침은 단체 숙소이면서 공동 예배 장소인 대형 천막 안까지 충분히 들어갔다. 기도 동역자 한 사람이 심상치 않게 들린 그 목청의 심각성을 알아차리고 바깥으로 나와 바위 위에 앉아있는 기도 자와 눈길을 맞추었다. 그는 기도 자의 긴급한 설명을 듣고 상황을 이해했다.

그는 다른 기도 자들에게 재빨리 사고 발생을 전하고 기도 자가 손짓으로 가리킨 사고 현장으로 내달렸다. 사고 지점은 낙엽층이 두꺼운 바닥이었다. 바로 옆 큰 바위 위가 아닌 게 그나마 천만다행이었다. 추락한 사람은 많은 피를 흘리고 있었다. 두 안구가 안면 바깥으로 튀어나와 있었다. 느리게 간신히 움직이는 몸짓이나 가는 숨결 소리의 상황으로 미뤄 볼 때 당장 숨은 끊어지지는 않겠지만, 상해가 워낙 깊은 중태라 한시바삐 하산을 서둘러야만 했다. 문제는 다섯 명 중 한 명도 의술 지식을 가진 자가 없어 응급조치를 취할 수 없다는 안타까움이었다. 두 번째 문제는 해발 높이가 대략 500m 남짓인 산중에서 환자의 고통을 최소로 줄일 수 있는 범위 내에서 산 아래까지 과연 환자를 안전하게 후송할 수 있겠는가의 여부였다. 자신이 서질 않았다. 설사 한 사람씩 번갈아 등에 업고 내려간다 할지라도 시간 지체는 필수일 수밖에 없는 난망한 입장이었다. 또한, 들쑥날쑥 높고 낮은 험한 산중 길목을 계속해서 내려가야만 하기에 신체가 아래로만 쏠릴 수밖에 없는 형편이므로 더더욱 위험할 수 있다는 우려의 목소리도 있었다. 그러나 촌각을 다투는 위급한 생명을 살려내야 하는 일이었다. 이런저런 방법을 찾던 중 한 사람이 제안 하나를 내놓았다. 모두가 힘을 골고루 나눠 쓰는 대안이라며 동의했다. 그들은 즉시 저마다 맨손으로 나뭇가지 꺾는 일에 매달렸다. 갓 새싹을 틔운 칡덩굴도 후다닥 거둬 간 돌멩이로 내리 찍어 몇 가닥으로 끊었다. 모아진 생 나뭇가지들의 굵기는 제각각이었다. 굵기에 맞추어 이중 삼중으로 덧대가며 칡덩굴로 가로, 세로를 꽁꽁 동여맸다. 조잡하나마 들것은 마련됐다.

급조된 간이 침상의 구조상 그 위에 길게 누여진 환자의 충격적 흔들림은 어쩔 도리가 없었다. 한시도 쉴 새 없이 진땀과 가쁜 숨을 몰아 내쉬며 산에서 내려오자 미리 신고를 받은 두 경찰관과 구급차가 대기하고 있었다. 수일 후 등산객이 입원한 병원에 기도원 원장 목사와 동행했다. 대수술 후라 두 눈 둘레로 몇 겹의 붕대가 머리 중심 부위와 잇대어 칭칭 감겨 있었다. 생명의 은인을 휘저어 찾는 손을 원장 목사가 반갑게 잡았다. 환자는 연신 감사의 말을 건넸다. 부인이 간병을 하고 있었다. 환자가 누운 침상의 머리맡에는 성경 한 권이 놓여 있었다. 그 부인이 남편을 소개했다. 신문사 편집직원이며 주일 예배를 빼먹고 제멋대로 등산하다 큰 변을 당하게 됐다는 은근한 핀잔을 담은 말도 덧붙여 들려줬다. 사고 소식을 듣고 힘을 쓰는 사람들을 보낸 직후 유선 전화로 경찰에 알리는 데 결정적 역할을

했던 원장 목사는 퇴원하고 나서는 주일 성수를 잘 지키라는 영적 축복의 근원을 당부했다.

사회 분위기

절절 끓는 바깥의 폭염을 잊게 한 냉방 버스 안에서 침묵을 깬 인기척은 난데없이 짜증을 낸 여성의 목소리였다.

"내가 언제 몸에 손을 댔다는 거냐?"

이렇게 반문한 사람은 할아버지 연령대의 승객이었다.

"여기 팔을 만졌잖아요."

"내 참, 어이구…!"

목젖까지 치민 울화를 꾹 눌러 삼키는 노인은 손녀 벌쯤 되는 새파란 젊은 여성을 어른 된 입장에서 마음대로 꾸짖지 못하자 혀를 끌끌 찼다. 그 불편한 심경의 신음은 길게 이어졌다.

두 승객 간 시비의 발단은 아마 통로 편에 앉은 체구 큰 노인이 자세를 고쳐 앉으면서 창가 편에 앉은 처녀의 팔목 어느 부위에 몸이 닿은 것에서 발생한 모양이었다. 이에 여성은 성적 접촉이라는 반응을 앙칼지게 드러낸 것 같다.

하차하는 노인의 큼직한 얼굴에는 검은 선글라스가 씌워져 있어서 눈의 표정은 아예 볼 수 없었다. 몇 정류장을 더 가서 교통카드를 미리 찍고 선 채로 버스의 정차를 기다리는 미혼 여성은 깨끗한 민소매 상의에 새하얀 바지 차림새였다. 노인의 신체가 닿음직한 그 왼 팔목엔 영문 모를 작은 문신이 새겨져 있었다.

성(性)의 측면에서 여자를 이르는 말인 '여성'은 성년(成年)이 된 여자를 이른다. 우리 사회는 전업주부로 여생을 보내는 여성들이 아직도 대다수이지만, 한편으로는 사회를 이끄는 여성들의 위상이 날로 높아만 가고 있다. "여자는 잠잠 하라(고전14:34)."라는 성경구절의 퇴색을 우리는 눈앞에서 목도하고 있다.

여성은 자신을 사랑하는 것에서부터 출발한다. 자신을 끔찍이도 사랑하기에 예쁘게 단장하는 얼굴 성형을 넘어 의상과 화장품 구입에도 아낌없이 돈을 쓴다. 여기에 더해서 교양을 쌓기 위해 책을 읽는 여성의 모습은 고아하다.

"아름다움은 어떤 소개장보다 낫다."라는 말을 남긴 사람은 그리스의 철학자인 아리스토텔레스(기원전 384~322년)이다.

독자에게 책 한 권을 파는 일은 쉽지 않다. 그러나 생면부지인 남자의 뇌를 움직여 눈을 떼지 못하게 만드는 것은 미인박명(美人薄命)이다. 박명이란 운명이 얇아 주위의 충격에 약하여 깨지기 쉽다는 뜻이다.

"누가 현숙한 여인을 찾아 얻겠느냐. 그 값은 진주보다 더하니라(잠31:10)."

사실상 강자의 세상이며 불법과 불평등이 판을 치는 변화무쌍한 경제사회는 매월 생리를 치르는 여성들로서는 살아가기가 버거울 수밖에 없다. 산소가 부족하여 숨쉬기조차 힘든 히말라야 정상과 같을 수도 있다. 그러므로 남성 세계의 벽을 뚫고 사회적으로 높은 지위에 올라서 지도력을 활발하게 발휘하는 여성의 힘을 낮춰 봐서는 안 될 일이다.

과거에는 남성들이 자신의 관점에서 집안의 설계를 넘어 사회 국가 운영도 쥐락펴락했었으나, 현재는 행정부·사법부·정치계 등에서 여성의 입김이 세지는 형국이다. 독서 인구 역시도 남성들보다 여성들이 작가들을 먹여 살린다.

『죽음의 수용소에서』라는 책을 쓴 작가는 빅터 프랭클(오스트리아 정신과 의사이며 아우슈비츠에서 살아남은 인물)이다. 그는 자신의 책을 통해 이런 내용의 글을 남겼다.

28명 중 1명꼴로 살아남는 그 모진 환경에서 어떤 사람이 살아남는가를 분석한 결과, 첫째, 운수 혹은 신의 가호가 임한 자, 둘째, 왜 나는 살아 있어야 하는가에 의미를 둔 사람, 셋째, 자신의 존엄을 지키는 사람이었다.

빅터 프랭클에 따르면 나치는 유대인들을 돼지로 부르며 유대인들에게 세수는커녕 이를 닦는 시간도 주지 않았으나, 그는 모든 자유가 빼앗긴 그 지옥의 환경 속에서 나 자신에게 무언가를 해 줘야 한다면서, 식판 겉면에 자신의 얼굴을 비추며 우연히 줍게 된 사금파리 조각으로 매일 면도를 하여 그 덕택에 가스실로 보내지는 화를 면해 결국 생존할 수 있었다고 한다.

엄마들

몇 해 전까지 서울시청 소재지였던 서울도서관의 분위기는 정숙하다. 책을 읽는 동안에는 개인별로 정숙해야 한다는 상식을 반영한 사회적 양식이다. 마룻바닥에 눌러앉아 신발 신은 두 다리를 겹쳐서 뻗어두고, 등은 맨 아래층 계단 벽면에 편히 기대둔 여인네의 두꺼운 외투 차림새는 남루하다. 그 차림새로 미뤄, 아마도 건물 바깥 사월 초순의 꽃샘추위를 피신하러 들어오지 않았나 싶다. 풍성한 머릿결에 영양 상태가 그다지 좋아 보이지 않는 안색이 검게 흐린 듯한, 눈가의 나이테가 오십 초반 남짓의 연령임을 증명하는 인상착의에서 느껴지는 그네의 대략적 속내 감정추론은, 오랜 몸부림에도 불구하고 사회 환경이 돕지 않아 생활 궁핍에 여전히 시달리는 것 같다는 암시이다.

분야별 장서들이 고유 번호가 부착된 칸칸마다 빼곡하게 꽂혀있는 각 서가에서 골라 뽑아 옆에 둔 몇 권의 책들의 제목은 가지가지이다. 그중에서 어느 화가가 쓴 미술전문 서적이 눈에 띄었다. 그러나 그녀는 다만 갈피를 못 잡는 혼란스러운 마음을 달래보려는 심산인지, 그 책장을 겉핥기식으로 들척거릴 뿐이다. 재미가 없는지 이번엔 어린이용 동화집을 손에 든다. 역시

집중이 안 되는지 짙은 색상의 바지 다리 위로 책을 내려놓고 푹 숙인 머리를 움직이지 않는다. 그새 조는 것이었다. 그 앞으로 저마다 눈들을 크게 뜨고 볼 책을 찾아다니는 사람들이 수시로 지나다닌다.

그편에서 거둔 시선을 인문 서적들로 서가를 거반 채운 2층 도서관과 바로 연계되는 맨 위 계단으로 쳐든다. 세련된 인상이 돋보이는 삼십 대 후반의 단발머리 여성이 뜨개질을 하고 있다. 실로 오랜만에 보는 우리의 옛 정겨운 여인상이라 미소가 절로 머금어진다.

현대는 석유 등잔 불빛 아래에서 전구를 양말 속에 집어넣고 구멍 난 부위를 엄지손가락에 끼운 골무의 바느질로 정성껏 보듬어 꿰맸던 고달픈 시절이 아니다. 집안에 슬픈 일이 생겼을지라도 보채는 아이들에게 옷고름을 얼른 풀어 젖을 물리며 그 아픔을 눌러 삼켰던 모성(母性)의 시절이 아니다. 그 젖먹이 자식을 부둥켜안고 까치집을 품어 안은 잎사귀 넓은 오동나무가 굽어보는 장독대 뒤편에서 남편의 밥상머리 구박을 가슴의 귀로 들은 그 울분을 서럽게 쏟아냈던 모정(母情)의 시절이 아니다. 배 아파 낳은 그 갓난아기를 등에 업고 진종일 밭일로 쓰러질 듯이 지친 몸을 어떻게든 일으켜 세워 저녁밥 차린 다음 밀린 빨랫감 처리 이후에나 잠자리에 들 수 있었던 피골상접의 거친 시대가 아니다. '위(委)' 한자 풀이대로 여자란 벼 이삭을 뜻하는 화(禾)처럼 고개를 숙인 저자세로 남편을 고분고분 섬겨야 했었던 가부장적 시절이 아니다. 여자의 입(如)의 말은 자기 말이 아닌 부모, 또는 남편의 대변에 불과할 뿐이라는 속담은 해방 이후 60~70년대 기억 저편으로 꽁꽁 싸매져 있다.

그 모권(母權)이 오늘날 여권(女權)의 신장으로 성장했음을 부인하지 않는다. 여성은 성년의 나이에 든 여자만을 가리킨다. 그 여성의 몸에서 남성을 상대로 한 새 생명이 태어난다(창3:16). 오늘날 그 여성들로부터 이젠 진하게 낯이 익은 무서운 전투력을 본다. 열 달간 붙어 있던 몸을 풀면서 탯줄을 끊어 독립시킨 그 자녀들을 내려다보는 눈빛에서 냉정함을 꿰뚫어 본다. 인공모(人工母)에 인공 자식 관계가 아닐진대, 마치 밀랍인형을 대하듯이 첫사랑(계2:4)이 식어 있음을 본다. 엄마들과 정담을 나누는 대화가 끊긴 아이들은 차가운 아스팔트 위에서 휴대전화 화면 전체를 차지한 오락, 게임 등을 무한대로 즐긴다. 그 아이들의 입에서 사회적 모방인 거친 폭력과 욕설이 아무렇지 않게 도처에서 마구 내뱉어진다. 일상에서 흔히 목격할 수 있는 그 장면을 새벽 두 시가 넘은 주일인 오늘도 도로면 골목길 어귀에서 맞담배를 피우며 큰 목청으로 떠드는 몇몇 미소년들을 목격했다. 우리 사회의 자화상이 아닐 수 없다.

아이들이 거리에서 내뱉는 말은 곧 그 부모의 말이라 했다. 부모들의 비정적(非情的) 현상이 빚어낸 어두운 면이 나라의 미래를 불안하게 만든다.

체내를 순환하는 혈액은 체온을 따뜻하게 한다. 애정의 본질 역시도 온기다. 그 부드러운 신체 접촉을 통해 생물은 잃었던 생기를 되찾는다.

대지에 입 맞춘 아이야!
너는 누구니?
너를 보살피며 인도하는
하늘 태양의 손길이
짧은 밤송이머리에 얹어진 아이야!
바람이 드세게 위협할지라도
엄마 품에 다정다감하게 안겨 있으니
두렵지 않겠구나.

사탕을 입에 물고
오락실로 내친 친구를 따라가지 않고
부러진 막대기로 땅 표면에다
상상의 그림을 참 재미있게 그려내는 아이야
내일의 시간이
너를 어른으로 이끌 미래의 세월이
너에 앞서 축복의 다리 놓이길

하나님께 기도 올리마.

문득 떠올라 적어본 〈아이야〉라는 시이다.

가정불화

한때 유명세를 탔던, 연예인 엄마, 아빠와 외삼촌마저도 스스로 생을 끊은 중학교 1학년 딸이 사회 관계망 서비스(SNS)에 올린 사연을 읽었다. 우선 화가 치민 까닭은 그동안 독실한 신앙인으로 알려져 있던 외할머니가 위세를 떤 학대를 범했기 때문이었다.

부모가 아니어도 아이의 장래는 사랑이신 하나님께서 이끄신다고 하나, 제 앞가림이 아직 부족한 아이가 불안감을 떨칠 수 없었다는 것은 식구로부터 외면에 가까운 무관심을 받고 있다는 뜻이다. 지각이 미숙하여 어른의 간섭을 일일이 들어야 하는 아이는 두말할 나위 없이 사랑을 입어야 장차 또 다른 나인 사회인으로서의 배려를 배우게 된다.

아무리 선의로 받아들이려고 해도, 아무리 분노를 억누르려 애를 써도 용서가 내려지지 않는다. "사랑하는 자들아, 하나님이 이같이 우리를 사랑하셨으니 우리도 서로 사랑하는 것이 마땅하도다(요14:11)."라는 성경 구절의 설교를 주일마다 담임 목사님으로부터 들었을 터인데, 남자친구가 생겼을 때 옷걸이로 때리며 손을 물어 상처를 입힌 외손녀에게 노망의 질투와 멸시를 왜 그토록 퍼부었는지, 도대체 알다가도 모르겠다.

"제 일생이 꼬이기 시작한 건 엄마가 하늘나라에 간 이후부터가 아닐까 싶다. 죽는 게 더 편할 것 같아 새벽에 유서를 쓰고 자해도 해 봤지만 죽지 못했다."

다음날 2차로 올렸다가 역시 이내 삭제된 내용 중에서 "자신이 연예인이 되면 엄마처럼 똑같이 자살할 것이다."라는 대목을 읽으면서는 머리카락이 곧추서는 끔찍한 소름이 돋았다. 집에서의 일상이 얼마나 힘겨웠으면 어린아이의 글에서 '자살'이라는 단어가 주저 없이 나오게 된 걸까? 실로 머리를 세게 맞은 충격이 아닐 수 없었다.

자녀는 부모로부터 이어받은 유전병을 몸체에 지니고 있다. 쉽게 토라지고 쉽게 울음을 터트리는 이 아이는 외할머니의 폭언-폭력에 대해 "신은 있는 걸까?"라고 무겁게 내뱉은 토로로 미뤄볼 때 아마도 영혼이 짙은 어둠에 덮여 있을 것으로 보인다. 그 암흑과도 같은 고통의 억압에 우울증이 아주 심각했음을 엿볼 수 있었다.

마음의 감기라고도 불리는 우울증, 즉 우울장애는 뇌졸중 갑상샘저하증·조울증·사회불안장애 등의 질환과 관련이 깊고, 의욕 상실을 넘어 감정·생각·신체 상태·행동의 변화를 보인다. 고아인 어린 소녀의 마음이 메마른 수준이 어느 정도인지 짐작할 수 있다.

정서가 불안정하면서 심성이 여린 아이일수록 안아 주며 쓰다듬어 주는 품을 그리워한다. 그만큼 인격 대우를 받고 싶다는 의사 표시이다. 그런데 소녀가 의지해야 할 대상인 이모할머니와의 연락마저도 무단으로 가로막는다는 외할머니의 횡포로 인해 집안이 박살 날 정도의 큰 소동이 있었다고 한다(오빠의 신고로 경찰출동이 있었다고 한다. 그리고 자진해서 강남의 대형병원 폐쇄병동에 일주일 동안 입원하기도 했다고 한다).

소녀의 폭로성 글이 거짓 없는 진성한 글이라면, 외할머니는 하나님을 욕되게 한 것은 물론이고 위선 신앙에 따른 여론 몰매의 팔매질도 모자랄 수 있다. 북한산 스님의 말을 듣고 엄마와 아빠의 이혼에도 외할머니가 영향을 미쳤을 거라는 아이 주장의 파장도 "이혼하지 말라."라고 가르치는 성경의 배도이기도 하다.

'아이가 오죽 불안정했으면?' 하는 일말의 두둔은 없지 않으나, 하나님께 묻지 않고 이방 신을 섬기는 종교인을 찾아가 예언을 들은 것도 "나 외에 다른 신을 섬기지 말라."는 십계명을 저버린 비신앙의 행태였음을 지적한다. "마땅히 행할 길을 아이에게 가르치라. 그리하면 늙어도 그 길을 떠나지 아니하리라(잠 22:6)."

두 남매의 친권자이면서 손자에 대한 편애가 유달리 심하다는 외할머니가 외손녀가 TV 아이돌 선발 대회에 출연하는 것을 반대한 것은 한편으로는 바른 선택이었다고 생각한다. 왜냐하면 소년등과(少年登科), 즉 일찍 핀 꽃은 일찍 진다는 정설을 믿기 때문이다.

"연예인은 걸어 다니는 금고이다."라는 인식은 사회 전반에 퍼진 유행어이다. 일찍부터 돈맛을 알게 된 아이의 장래는 불행의 씨앗이 될 수 있다.

소녀의 심리 상태를 한층 더 들여다본다면 아무래도 특히 '만인들이 여전히 그리워하는 엄마의 후광을 너무 믿고 나선 게 아닌가?'라는 의구심을 떨칠 수 없다. 엄마의 이름만 대면 어디서든 열렬한 환영을 받는 것은 물론이고, 그에 힘입어 연예계 진출도 수월할 거라는 한층 높은 우월성을 부린 게 아닐까 싶다. 그래서 연예인 꿈을 좇지 못하도록 방해한다는 불만을 품고 외할머니가 미워져서 매사에 말을 안 듣는 반항심을 드러낸 것이 아닌가? 나름의 상상을 해 본다.

아이는 아이다워야 애정이 오랫동안 지속된다. 나이에 맞는 놀이를 즐겨야지, 일찍부터 뛰어난 어른 행세를 한다면 또래와의 관계는 소원해질 수밖에 없고, 훗날에 닥칠 충격의 후유증 또한 오늘 당했던 학대의 아픔보다 상처의 깊이가 더 심각해질 수 있다. 귀신을 피하려다 호랑이를 만날 수 있는 게 인생이다.

그러므로 소녀에게는 어른의 관심이 절대적으로 필요하다 하겠다. 가정 보호의 중요성을 강조하는 것이다.

아이에게 들려주고 싶은 응원의 메시지는 주어진 지금의 학교 공부에 충실 하라는 것이다. 기회가 오면 아역 배우로 출연은 하되, 지각을 깨치는 공부를 등지고까지 매달리지는 말아라. 앞으로의 성장에 중대한 영향인 영혼의 사모도 잊지 말았으면 한다. 네 몸을 소중히 여기면 결국 정신적인 건강도 동반해서 성장하게 된다는 점도 잊지 말았으면 한다. 그러면서 차근차근 어른이 되는 과정을 밟아라.

외할머니에게 보인 몸태질(저항)은 자기 자신이 되고자 하는 희망이라 이해한다.

마음의 삶

유심소작(唯心所作). 인생의 모든 일은 마음가짐의 여하에 따라 좌우가 결정된다는 뜻이다. 눈빛이 맑으면서 고요한 미소가 머금어진 입술은 평화롭다. 윤택이 흐르는 늠름한 건강이다. 인화(人和)의 일치가 실린 마음의 창이다. 복 중의 최고의 복인 마음 일체는 바른 중심 자세라 좌우로 흔들리지 않는다. 올곧은 마음은 실족하지 않게 잡아 주는 역할을 한다(잠4:12). "모든 지킬 만한 것 중에 더욱 네 마음을 지켜라(잠4:23)." 이 구절에서 한 발 더 나가 무릇 굳게 붙들어야 할 것은 마음과 생각을 지키시는 그리스도의 평강이다(빌4:7). "너희에게 평강이 있을지어다(요20:21)."의 평강에는 영적 사리를 분별하는 지혜가 있다. 지혜는 기쁨의 샘이다. 생활을 빛내는 광채이다. 학자의 총명이다. "오른손에는 장수가 있고 왼손에는 부귀가 있다(잠3:15)."

마음에 불평불만을 가득 담고 있는 사람의 안색은 흐리다. 심전(心田)이 가시덤불로 뒤덮여 있으니 응대하는 언사가 거칠다. 자기 자신과도 관계가 원만하지 못하여 자신부터 위태로운 불안감이 팽팽하다. 의욕 상실로 괜한 트집을 잡고 성질을 부리며 제멋대로 불순종의 태도를 강하게 드러내기도 한다. 내가 왜 이

짓을 해야 하냐는 천시를 부리기도 한다. 마지못해서 억지로 하는 일은 나태이다. 희망을 키우는 지혜일 수가 없다. 생산성을 떨어트릴 뿐이다. 마음의 병(시험)이 아닐 수 없다.

말미를 정하고 타국으로 떠나게 된 주인이 있었다. 그는 앞에 불러 앉힌 종들의 각각의 재능에 맞추어 금 다섯 달란트, 두 달란트, 한 달란트를 각각 맡겼다. 일정을 마치고 귀가한 주인은 종들에게 실적을 물었다. 다섯 달란트, 두 달란트로 장사를 하여 본전에서 배의 이득을 남겼다는 두 종의 자랑스러운 보고에 이어 한 달란트의 금액을 땅속에 감춰뒀다는 종의 보고를 각각 들었다. 그 결과물을 보며 입을 연 주인의 충성도 심판이 내려졌다. 두 종에게는 "착하고 충성된 종아, 네가 적은 일에 충성하였으매 내가 많은 것을 네게 맡기리니 네 주인의 즐거움에 참여할지어다."라는 축복을 내린 반면에, 본전만을 내놓은 종에게는 "악하고 게으른 종아. 심지 않는 데서 거두고 헤치지 않은 데서 모으는 줄로 네가 알았느냐."라는 벌의 책망이 떨어졌다(마 25:14~30).

씨를 뿌린 밭에서 그 종자의 수확이 거두어진다. 사탄의 공격이 전에 없이 격렬할 때가 있다. 병으로 갑자기 쓰러지게 한다거나 예기치 않은 상해를 입히기도 한다. 하나님께 맞추어진 영적 지향의 전형적인 훼방이다. 영이신 하나님께 산제사를 지내는 그 영혼에게 혼돈을 부추기는 술책을 쓰는 것이다. 그 달콤한 미혹의 속삭임과 타협하면 그 영혼은 지속적인 탈선에 시달리게 된다. 나의 삶이 무너지는 징후이다. 생사를 걸고 이겨내야 한다고 하나 육신은 연약하다(마26:41). "복음에는 하나님의 의가 나타나서 믿음으로 믿음에 이르게 하나니 오직 의인은 믿음으로 말미암아 살리라(롬1:17)."라는 구절에 따른 그리스도에게로 귀환하는 믿음의 확립이 그 어느 때보다 절실하게 요구되는 중대한 시기이다.

긍정은 소망을 키우고 사랑의 믿음에서 자신감이 우러나며 화평은 덕목의 보금자리이다. 하나님께 속하여 전능하신 분께서 앉아 계시는 보좌를 바라보며 오늘도 이 땅의 호흡을 이어가는 성도라면 유심소작으로 자신의 삶을 낙오하는 패배로 이끌어서는 안 된다. 예수께서 부활의 승리를 보이신 것처럼 생명이 넘치는 성공적인 삶을 일궈내야 한다.

"내 아버지 집에 거할 곳이 많도다. 내가 너희를 위하여 거처를 예비하러 가노니(요14:2)."

일은 신앙의 기둥

장정이 망치로 쿵 내리치자 두께가 엷은 시멘트 바닥이 쩍쩍 갈라지며 산산이 깨진다. 뒤따라 조각 파편과 혼합된 흙더미가 걷어 올려 진다. 폭 1m, 길이 6m의 고랑이 확연하게 드러났다. 위아래 전체 면을 둘러보니 중간 부위에 구멍 난 PVC 배수관 바닥면이 한 층 낮음을 알 수 있었다. 배수관이 막힌 결정적인 이유가 밝혀진 셈이다. 곡괭이로 몇 곳 더 낸 구멍 안은 마른 오물로 가득 채워져 있었다. 골 밖으로 빼내는 그 무게감 역시 만만치 않게 힘을 끌어 모으게 하였다. 그때 골 흙 벽면으로 삐죽 튀어나온 몇 개 중 한 배수구에서 빨래 비눗물이 쏟아져 내렸다. 잔재로 쌓인 흙더미 둑에 막혀 고인 폐수에 질펵질퍽 잠긴 대머리 업자. 고랑 벽면으로 궁둥이를 붙이며 악의 없는 불만을 투덜투덜 쏟아낸다. 보조 장정이 다시금 손나팔로 5층 전 세대(9가구)를 향해 물을 버리지 말라고 소리 소리를 질러대었다. 이 과정을 지켜보던 어떤 사람이 원수를 잠그라는 귀띔을 해 줬다.

폐수 줄기가 끊겼다. 하나씩 이어 맞추며 나간 배수관의 길이도 어느덧 건물 모퉁이까지 다다랐다. 잔일이 남아있는 그곳의 경사면이 낮은 바닥은 진흙과 뒤범벅된 똥물 냄새가 아주 고약

했다. 속이 꽉 찬 낡은 배수관을 마지막으로 거둬내는 보조 작업자의 인상이 험하게 일그러졌다. 그 안의 한 덩이 오물이 대각선으로 흘러 떨어지면서 위로 튕겨 올린 진흙 바닥 물에 작업복과 얼굴이 더러워졌기 때문이다. 그곳 위로는 가로지른 석물 경계선 너머로 좌측의 옥외 주차장과 벗하고 있는 소규모 화단이 있다. 주차장 아스팔트 가면 일부 바닥을 완충 역할로 떠밀고 있는 그 경계선을 살려두고 그 밑에서부터 화단 내의 흙을 일부 파헤쳐서 이편의 깊이와 맞추어진 연결 골을 내야 한다는 업자의 무뚝뚝한 짧은 설명이 끝났다. 장정이 담벼락 편 사철나무 아래 바싹 마른 낙엽으로 뒤덮인 화단 흙 속으로 삽날을 꽂아 박았다.

이편과 저편의 배수관 연결 과정도 모두 마쳤다. 그 위로 이웃집과 경계선인 블록 담벼락 편으로 이랑으로 길게 쌓아 둔 잡석 섞인 흙더미가 마구 뿌려지기 시작했다. 고랑 전면도 원상태로 복구되었다. 장정은 일머리를 잘 알고 있었다. 그는 스스로 호스 물로 충분히 적신 진흙 바닥을 안전화발로 꾹꾹 눌러 밟으며 평면을 다졌다. 장정이 모래와 뒤섞어 개면서 듬성듬성 떠 놓은 시멘트 더미를 미장이자 집수리 업자인 환갑노인이 흙손으로 넓게 펴 바르며 마감에 들어간다.

아담 부부는 뱀의 꼬임으로 야훼께서 엄금하신 동산 열매를 따 먹는 불순종의 죄를 지었다. 동산 열매는 야훼께서 선악과를 중심에 두고 두 부부의 장래 행실이 어떠한지를 미리 가늠해 보려는 일종에 시험적 성격을 띤 열매였다. 그날에 두 부부는 동산을 거니시는 야훼의 소리를 듣고 나무 사이에 숨어 그의 낯을 피했다. 야훼께서 "아담아, 네가 어디 있느냐?" 부르셨다. 아담은 모습을 드러내지 않고 벗은 몸이라 두렵다는 변명을 내놓았다. 야훼는 아담의 궁색한 변명을 흘려들으시고 "내가 네게 먹지 말라 명한 그 나무 열매를 먹었느냐?"라는 질문을 선제로 물으셨다. 아담은 "함께하게 하신 여자가 먼저 먹고 내게 주므로 내가 먹었나이다."라는 답변을 냈다. 원인과 책임을 하와에게로 전가했고, 다음으로 질문을 받은 하와는 뱀에게로 떠민 것이다.

야훼는 그들을 믿을 수가 없었다. 야훼는 뱀에게 "네가 이렇게 하였으니 네가 모든 가축과 들의 모든 짐승보다 더욱 저주를 받아 배로 다니고 살아있는 동안 흙을 먹을지니라."라는 말씀에 이어 하와에게는 "내가 네게 임신하는 고통을 크게 더하리니 네가 수고하고 자식을 낳을 것이며 너는 남편을 원하고 남편은 너를 다스릴 것이니라."라고 하신 후 아담에게는 "너는 흙으로 돌아갈 때까지 얼굴에 땀을 흘려야 먹을 것을 먹으리라(창3:19)."라는 징벌을 내리셨다. 야훼께서는 동시에 그들을 에덴동산에서 내보내 본래의 그 바깥의 흙을 갈게 하셨다.

아담은 남자다. 그 유래에서 남자는 힘을 쓰는 사내이다. 사내 남(男)은 상형문자이지만, 밭 전(田) 자 밑에 힘 력(力) 자가 떠받치고 있다. 그러므로 흙을 갈아엎는 남자의 상징은 정열이 넘치는 활력이다. 그 박력과 패기에서 정(情)으로 사는 여자에게 믿음직스러운 남성의 늠름함을 보인다.

가임기 여성들의 출산 저하로 나라 차원의 걱정이 이만저만 높은 게 아니다. 연령 인구수에 맞추어 내일의 산업 설계를 그려야 하는데, 번번이 차질을 빚고 있으니 대안을 세우기가 난해한 모양이다. 혼기 나이에 접어든 세대들이 결혼을 미루거나 잠정적으로 포기하는 배경에는 경제 문제가 있다. 그 이면에는 해소가 쉽지 않은 구직난이 있다. 직업을 가져야 생활 안정의 토대가 보장된다는 건 이전 세대들이 이미 선례로 겪었다. 국가가 적극적으로 풀어 줘야 할 그 사회적인 난관을 훤히 알기에 그에 해당하는 젊은이들이 그토록 절실한 불안을 안고 사는 것이다. 인구수는 생산성에 비례한다. 그러나 사회의 무대는 높고도 좁다.

사회의 맥박은 일에서 뛴다. 그러므로 일하는 근로자들이 사회의 주요 인물들이다. 그 다양한 각 분야의 인력들이 사회를 견인해 나간다. 그들의 뜨거운 숨결로 오늘도 사회는 생산성을 향해 역동하고 있다. 일은 규모를 갖게 한다. 일에는 권리가 부여되어 있다. 일하는 자는 긍지가 높다. 그 보람을 앞세워 일하는 자는 심신이 강건하다. 일하는 자의 얼굴에는 항상 원기가 피어올라 있다. 일을 하는 자는 나태에 빠져들게 하는 삶에 속지 않고 실현의 단계를 밟아 나간다. 일은 정신력 유지의 기둥이다. 그 건전한 정신의 바탕에는 기초 재산인 체력 건강이 떠받치고 있다.

돈은 사이 나쁜 관계도 좋게 푸는 양약 중의 양약이다. 돈은 집안의 화기이며 자녀들 양육에 더할 나위 없는 자양분이다. 자신과의 화목을 넘어 우애 깊은 덕을 나누는 데 윤활유 역할을 한다. 사람 구실을 넘어 친구와의 우정을 돈독히 하는 절대적인 무기이기도 하다. 교회 선교를 도울 뿐만 아니라 가난한 자들에게도 양지바른 곳에서 햇볕을 쬐도록 한다.

다윗은 열일곱 살에 양치기 목동에서 신앙체질 강화인 전쟁연단을 십삼 년간 거친 후 왕으로 등극했다. 느헤미야는 페르시아왕의 술 관원 일을 보면서 허물어진 예루살렘성과 불에 타 전소된 성문을 수축하는 데 전심을 다 바쳤다. "불의의 재물로 친구를 사귀라(눅16:9)." 했다. 또한, 예수는 "너희가 만일 불의한 재물에도 충성하지 아니하면 누가 참된 것으로 너희에게 맡기겠느냐(눅16:11)?" 말씀을 덧붙였다.

필자는 글 쓰는 작가이다. 글만으로는 생계유지가 안 되기에 출판사를 열었다. 최근에는 학원에서 바리스타 교육도 받았다. 이 글의 첫 도입부는 필자가 몇 년 전에 체험한 사례 소개다.

사회와 소통하며 살아가는 성도의 가난은 천국에 못 가는 죄

(눅16:22)는 아니나, 신앙생활을 침체에 빠트리는 요인은 될 수 있다. "물질 시험에 들게 하지 마옵소서(마6:13)."라고 기도해야 할 중대한 죄목에 해당한다. 비관은 부정이요, 부정은 낙심에 이르게 한다. 코이라는 물고기는 노는 환경에 따라 성장이 조절되는 특이한 관상어이다. 어항에서 기르면 피라미에 불과하나 좀 더 넓은 연못 같은 곳에서 놀게 하면 최대 25㎝, 강에서는 초등학생 저학년 키만큼 자란다고 한다.

하나님을 기쁘시게 하는 믿음의 힘에는 물질도 포함되어 있음을 명심해야 한다. 물질은 영향력을 넓혀 준다. 자본의 단맛인 물질을 경멸로 무시한다면 그 성도는 자신을 구제하는 것도 어려워진다. 오늘 주어진 일이 나뭇가지를 치는 하찮은 작업일지라도 열심히 더 땀방울을 흘려야 한다. 직업 현장은 지역 내 작은 선교지이기 때문이다. 우리 주변에 직업적 수입이 없어 예배 헌금을 못 하는 안타까운 성도들이 얼마나 많은가. "부요하신 이로서 너희를 위하여 가난하게 되심은 그의 가난으로 말미암아 너희를 부요하게 하심이라(고후8:9)."라는 구절을 상기하면서 우리는 빈손의 예배를 드려서는 안 된다.

모자의 손 놀이를 보며

지하철에 탄 엄마, 아들. 뒤따르는 외할머니가 등을 민 탓에 노인 석에 앉은 다섯 살 꼬마. 아이는 짧은 두 다리를 대롱대롱 흔들다가 금세 꾸벅꾸벅 존다. 잠든 아들을 안고 목적지에 내리려면 몸이 힘들 것 같다는 생각이 번뜩 뜨인 파마머리의 젊은 엄마. 아이의 작은 체구를 흔들어 깨워서 놀이에 끌어들인다. 두 손을 붙여서 벌린 엄마의 손아귀에 "보리!" 하며 넣는 작은 주먹 손, "쌀!" 하며 재빨리 빼다가 잡히고 만다. 두세 번 만에 재미를 잃은 아이가 다시금 눈을 감고 잠들려 하자 이번엔 겹쳐 얹은 두 주먹손을 아들 앞으로 내미는 엄마. 의미를 알고 양 손 검지로 어긋나게 치는 아들. 해체되는 엄마의 두 손. 놀이를 즐기는 두 모자의 모습이 하도 정겨워 앉은 곁에서 미소를 가득 머금고 지켜본다.

옹골차지 못한 단순 놀이는 무너지기 쉬우나 그 속에는 평안의 사랑이 녹아 있다. 서로 의지가 된 안전의 정서가 스며있다. 혼란스러운 사회에 그 단순성을 갖다 붙여서 적용해 보자! 사회는 고등 교육으로 전문 지식을 갖춘 다양한 인물들이 선도해 나간다. 그들은 갖가지 산업 기술로 삶의 질을 높여 준다. 눈만

뜨면 새로운 바벨탑 건물들을 하늘 높이 세워놓는다. 날로 생활이 편리해지는 반가움이다. 그러나 그 이면으로는 인간들의 온갖 탐욕이 들끓고 있다. 머리 좋은 똑똑함이 배출해 낸 공동체의 균형을 깨는 어두운 위협의 산물이다.

그들은 자기 일을 앞에서 보조해 줄 사람을 쓴다. 십중팔구 자신보다 역량이 덜 채워진 사람을 쓴다. 그 이유는 자신의 능력보다 뛰어나면 부리기 힘들기 때문이다. 그러므로 감당이 안 되어 내쫓기지 않으려면 월등한 실력을 낮춰 잡아야 한다.

똑똑하지 말자. 자립성의 기반이 약해질 뿐이다. 체험한 산증인은 아니나 이미 경험했다는 것처럼 앞선 사람의 신명 넘치는 외침의 교훈에 귀를 닫고 있으면 무시하는 교만이다. 지금의 심경이 단순하지 못한 나의 경우가 그렇다. 그 강사의 지식 전달은 수준이 낮아 나를 끌어내지 못한다며 속으로 딴청을 부리곤 했었다. 나는 글 쓰는 작가이다. 그 일이 나의 천직이면서 유일한 사명이요, 생계 수단이라고 여기면서 오늘날까지 펜을 쥐고 있다. 그 결과 나는 구제가 힘든 영원한 가난에 시달리고 있다. 그 배앓이가 병적으로 일어날 적마다 나는 나에게 속고 있다는 신물 트림을 무시해 왔다. 아니, 수시로 끌어올려지는 그 인식의 배고픈 고통을 애써 덮어 왔다.

나는 태생부터 모든 환경이 취약했다. 일가붙이 한 명 없는 그 척박한 불운의 한복판에서도 이를 악물고 세파를 헤쳐 나왔다. 그런데 헛살았다는 자괴 깊은 절망감에 빠져 있다. 구원의 길이 안 보인다. 나를 잡을 수 없어 마음껏 울고 싶다는 울분만을 머금고 있을 뿐이다. 누군가로부터 따뜻한 위안을 받고 싶다. 그러나 내 곁에는 따뜻한 손길로 어루만져 줄 그 누구도 없다. 가장 무서운 것은 위로자(고후1:3후)로 널리 알려진 하나님조차도 나의 세월 묵은 고통의 방관자라는 서글픔이다. 부쩍 높아진 비관은 스스로 목숨을 끊겠다는 자살 결심으로 치닫는다. 대체 어디서부터 잘못된 걸까? 해답이 안 나온다. 우리의 삶 속에는 피하고 싶은 진실도 포함되어 있다. 한 치 앞도 내다볼 수 없는 암흑의 괴로움이 골 깊이 박혀 있기 때문이다. 즐겁게 웃던 시절이 언제던가? 까마득히 멀어 기억이 아련하다.

"주께서는 인생으로 고생하게 하시며 근심하게 하심은 본심이 아니시다(애3:33)." 그 말씀이 위안으로 와닿지 않고 마음이 영 불안정하다. 삶의 희망이 사라졌다. 나의 지금 심경 상태는 달이 뜬 날인데도 그 달을 보지 못하고 있는 것과 같다. 게다가 추적추적 내리는 빗줄기에 갈 바를 잃고 헤매고 있다. 나의 기분을 지배하는 대상은 짙은 우울증이다.

잠수부는 해저 깊은 곳에 잠긴 물체를 뭍으로 끌어올려 햇살을 받게 한다. 자신과의 싸움인 그 기초부터 차근차근 배우지 못했다. 나는 종교적으로나, 문학적으로나 실패한 사람이다. 뿌리 깊은 학문의 기초 없이 단지 많은 책을 읽었다는 독서의 힘만을 믿고 살아온 폐단을 가진 사람이었다. 진정한 영적 사람이 아니면서 교회를 비판했고, 내가 쓴 책의 글들은 독자로서만 읽으면서 나만의 문학 세계에 도취한 그 위장 안에서 나의 패인을 쌓아온 셈이 되었다. 허황된 자만심이었음을 고백한다. 부끄럽기 짝이 없다. 그 위세를 떨며 땅 파는 사람을(거리 청소를 하는 미화원을) 낮춰보지 않았던가. 이젠 그런 일이라도 하지 않으면 당장 내일부터 신용불량자로 전락할 위기에 봉착해 있다.

어디서부터 잘못된 불행의 늪일까? 의지가 심히 약해져서 그 늪에서 빠져나올 용기가 우러나지 않는다. 처지 비관에 따른 원망은 자신에 대한 연민성에서 비롯된다. 그러니 당착한 고통에 빠져드는 건 당연한 노릇이다. 어떻게 구원의 실마리를 풀어야 할지 지혜가 없어 캄캄하다. 세상이 두렵다. 그 두려움은 누가 안겨준 것이 아니라 바로 내 안에서 유발된 공포이다. 뒷걸음질 치게 만드는 두려움은 일을 그르치게 한다. 스스로 견고한 창살감옥을 만들어놓고 그 안에서 괴롭다는 눈물을 소리 없이 연시 흘리고 있다. 사내답지 않은 졸렬한 행위가 아닐 수 없다.

나에게서 일어난 일은 나에게 전적으로 책임이 있다. 감정적인 행동을 이성으로 멈추게 할 수는 없다. 같은 행동을 반복하고 있다면 다른 결과를 기대할 수 없는 노릇이다. 불행하다면 지금과는 다른 방식으로 살아 보려는 노력이 필요하다. 방황하는 영혼이라고 해서 모든 길을 잃은 것은 아니다. 인생에는 미처 가보지 못한 여러 갈래의 새로운 세상이 있기 마련이다. 만일 지도가 실제 지형과 다르다면 지도가 잘못된 것이다. 우리는 시행착오를 숱하게 겪은 후에야 비로소 깨달음에 도달한다. 이 깨달음이 모여 인생의 지도가 그려진다. 희망을 잃은 사람은 변화를 개척할 수 없다. 좋은 안을 창의해 내는 일에는 시간과 인내가 요구된다. 인생 실패의 어리석은 자초는 설명이 쉽지 않은 게으름 때문이었음을 시인한다. 곰곰이 되풀이하여 생각해 보지만 나의 가장 비극은 매번의 후회와 달리 사명을 완수해야만 한다는 아집을 버리지 않았다는 것이다. 일찍부터 걷기 전에 네 발로 기는 일부터 배우자는 사념을 지니고 있었다.

결국, 인간은 발을 딛고 서 있는 현재의 자리에서 절망을 이겨내고야 말겠다는 결심을 세워야만 앞으로 나갈 수 있다. 아무것도 모르는 무지의 바보가 되자는 다짐을 되새김질한다. 번질거리는 빛으로 덧칠된 세 치 말이 아닌 현실에 맞는 행동으로 보여야 한다. 그래야 내미는 손길을 끌어올려 주는 도움을 받을 수 있기 때문이다. 모든 인과는 무심한 사람이 쥐고 있지 않은가. 명심해서 상기에 입력해 둬야 한다.

절망의 외로움에 젖어 있는 사람은 따뜻한 격려를 그리워한다. 신비로운 존재가 사랑이라고 우긴다. 그 사랑과의 소통이라면 빛을 보는 것이라고 한다. 그러나 하나님도 사람도 나를 돕지 않고 있다. 단순하지 못한 성질 때문일까?

세대 물림의 세월

삶의 세월에는 퇴화를 깔고 있다(베전1:24). 시작된 모든 일에는 끝이 있다는 뜻이다. 그 언젠가 조물주 하나님께서 누구는 지상에서 낙원으로 데려가고, 누구는 지옥으로 보낸다는 뜻이다. 흙으로 돌아가는 예정론의 종말은 이렇게 모든 피조물에게 동등하게 부여되어 있다. 세대 물림이다.

오래도록 장수하고 싶은 피조물이 아무리 저항해도 절대 바뀌지 않는 불가해성의 열등한 좌절은 생사와의 싸움이다. 여호와께서는 동산 중앙의 열매(선악과)는 먹지도, 만지지도 말라(창3:3)는 언명을 범한 첫 아담 부부에게, 근원인 땅을 갈아 그 소산물을 먹게 하면서 수명 제한이라는 형벌도 동시에 내렸다. 소위 '원죄론'이다.

만물의 영장인 인간의 시선은 신비롭기 짝이 없다. 어떤 정신력의 사색으로 사물을 관찰하느냐에 따라서 쓸모 있는 장식물 또는 장애물로 분류하기 때문이다. 모든 것일 수도, 아무것도 아닌 무상일 수도 있는 게 사물 관찰이다. 현실은 분명 비몽사몽의 환상이 아니다. 이상의 환상을 현실의 한 종류로 보게 되는 까닭은 새로운 심경 변화를 체험했기 때문이다(행11:5).

사색의 힘은 사물의 모양새를 변화시킬 수도 있다. 일반인들이 파랗다고 하는 하늘빛을 빨갛다고 우길 수도 있는 게 사색이다. 생각이 얕은 보통 사람이 그 주장을 들었다면 우리와 보는 눈이 다르다는 굼뜬 의문부터 띄울 것이다. "내 생각이 너희의 생각과 다르며 너희의 길과 다름이니라(이사야55:8)."

사람은 늘 씻으며 가꾸는 자신의 인체를 스스로 안아 올릴 수 없다. 나를 대신하여 나를 안아 줄 대상은 아내, 남편, 형제, 이밖에도 사랑의 교류를 나누는 식구들이다. 야곱은 "내가 형님의 얼굴을 뵈오니 하나님의 얼굴을 본 것 같사오며(창33:10)…." 라는 말로 피치 못할 사정으로 20년간 헤어졌던 에서와의 형제애를 드러냈다.

사람은 병으로 병석에 누워있을 때 가장 나약한 모습을 보인다. 성도라면 그 기회를 타서 송아지가 뛰는 광선의 치유를 바라는(말4:2) 눈물의 호소를 올릴 것이다.

어깨를 나란히 하고 마주 걸어오는 두 여인은 나이 차가 제법 있어 보인다. 공중목욕탕에 가는 어머니와 딸 사이이기 때문이다. 서너 번 본 기억이 있는 딸 편의 인사는 살짝 빛낸 안색뿐이었고, 교회에서 매주 보는 어머니의 인사는 반갑기 그지없다는 쌍수 환호에 가까웠다.

그 딸이 시집을 가면서 부모의 품을 떠나 독립된 가정을 꾸렸다. 그 어머니는 딸의 첫아이 돌잔치 초대에 이어 친정어머니의 팔순 잔치와 자신의 회갑 잔치 및 두 아들의 결혼 때도 음식상에 앉게 했다. 그날들보다 경제 사정이 더욱 궁핍해져 복음 전도사역을 모두 마친 그 어머니의 장례 때는 위로 조문을 못했다.

그 어머니에게 허리 통증이 임했다. 침을 맞아도 차도가 없자 자녀들의 설득으로 수술 날짜를 잡았다. 척추 전문 병원에서 입원 수술을 마쳤다. 후유증으로 인한 통증으로 하반신 움직임이 힘들어졌다. 제대로 걷지 못하니 외출도 쉽지 않게 되었다. 특히 부모로부터 물려받은 주일예배 불참은 죄스럽도록 심금을 찢었다.

압박용 허리 보호대는 곧잘 혈류의 흐름을 방해했다. 상체를 똑바로 펼 수 없도록 등도 구부정하게 휘어졌다. 그런데도 사지가 불편하여 일찌감치 사회생활을 접은 남편의 삼시 세끼 수발 및 옷을 갈아입혀 주어야 한다. 그 남편도 몇 개월 전에 돌아가셨다.

나의 죄를 위해 피 흘려 돌아가신 예수를 생각하며(히3:1), 이를 악물고 통증이 재발한 허리 뒤로 손을 가져간다. 다행한 감사는 소소한 짐을 실을 수 있는 유모차를 끌고 다닐 수 있는 다리 힘이 아직 남아있다는 것이었다.

이날도 공중 예배 후 단체 식사를 마친 어머니는 오래된 금속 손목시계를 연신 들여다본다. 시간이 임박하자 어머니는 밝은 웃음을 머금고 5층에 멈춰선 승강기에 몇몇 사람과 함께 올랐다.

기다린 지 5분여 만에 1층 소규모 주차장으로 검은색 승용차가 들어온다. 정차한 차에서 제일 먼저 내린 사람은 초등생 남매였다. 그 뒤로 운전석 문이 열렸다. 낯익은 아들이었다. 그 아들이 어머니 배웅 차 나온 필자에게 정중한 인사를 올린다. 한창나이 때부터 보아왔고, 결혼 때 축시를 써 준 인연이 있는 아들과 손과 손을 맞잡았다.

어머니는 유모차를 아들에게 맡기고 상체가 굽은 자세로 한동안 서성거린다. 초등생 두 손 자녀가 할머니의 양손을 나눠잡고 뒷좌석에 오르는 것을 돕는다. 좌석에 앉은 어머니가 두 다리를 모을 때, 아들이 트렁크에 실을 유모차를 어떻게 접느냐고 물었다. 아들의 성심을 모은 효성이 선한 눈빛을 가녘에서 조용히 지켜보는 정숙한 단발 며느리.

10살 손자가 차 문을 닫았다. 차창 문을 두들기는 25년 지기 당신. 나는 방금 생각났다는 듯이 때마침 들고 있던『교회 가는 할머니』 시집을 선물했다.

어르신들

일기는 구름 한 점 없이 화창하나 꽃샘바람은 매우 거세고 거칠다. 바람과 맞싸우는 숨결을 고르지 못하고 걸음걸이조차 비정상인 몸이 휘청휘청 뒤로 밀린다. 몸을 돌리자 이번엔 등이 떠밀린다. 바람은 뒷걸음질도 용인하지 않는다. 단체로 나들이 온 단일 복장의 유치원생들도 모진 바람을 그대로 맞으며 추위에 떨고 있다. 아이들의 그런 애처로운 모습에 인솔하던 선생님들의 표정이 검게 일그러졌다. 그렇지만 거센 추위바람을 피할 따뜻한 실내 공간이 딱히 없는 공원 내라 어쩌지 못한다. 저마다 새순 몽우리를 틔워 올린 수목 가지들도 부들부들 떨고 있고, 끝 무렵의 벚꽃 송이는 한꺼번에 우수수 떨어지며 콘크리트 보행자 도로를 흰빛으로 온통 뒤덮는다.

서울대공원 경내를 걷고 또 걸으며 동물 구경, 호수 구경 다 둘러보는 육십 대, 칠십 대, 팔십 대 연령의 어르신들은 소풍 온 유치원 아이들보다 동심이 더 밝다. 청춘아, 그 누가 그대들에게 얼마 남지 않은 황혼의 인생이라 하겠는가. 그들은 바람의 이리저리 변덕에도 현존의 자애한 웃음을 흘리며 호기심과 궁금증을 가득 채운 눈빛으로 살아 숨 쉬는 생물들의 생동 장면들을 휴대전화 카메라로 연속해서 찍은 후 저장 버튼을 누른다.

모든 생명체는 불멸하지 못하다. 나를 잃으면 모든 것을 잃게 되는 한 생명의 인간은 경점의 시간에서 다음 순간의 시간으로 이어가는 지속성을 부여받은 고귀한 존재이다. 아직도 무엇이든지 배울 수 있다는 지혜가 밝은 백발 바람에 나부낀다. 인생의 이력이 층층이 쌓인 이마의 주름에 햇살이 비친다. 자욱한 안개에 덮여 존재가 가물가물 보이지 않으나 희망의 노래를 들려주는 저 높은 봉우리를 향해 뛰는 심장으로 힘차게 오르는 두 다리의 힘. 만물의 생기를 활짝 연 가슴으로 들이키는 이상의 그 꿈이 나를 이끈다. 그 꿈이 오늘의 나를 보게 한다.

노인의 인생 무망은 나이가 들어 시야가 흐려졌다는 데서 오지 않는다. 그보다는 살아온 날들을 층층이 쌓아둔 삶의 경륜을 쏟아낼 생산성 일을 하지 못하는 데서 무료한 지루를 맞는다. 시름이 날로 깊어지는 이유이다.

돌고 도는 사계절 기후를 보고, 듣고, 주물러 담는 생활의 반복을 수십 해 동안 몸소 체험했기에 눈을 감아도 기억의 사다리를 통해 생생한 옛 추억의 시절로 돌아가는 노인들에게는 새로운 것은 없다. 그들의 희뿌옇게 흐려진 눈을 밝게 뜨게 하려면 그 나이에 걸맞은 창의력을 소개해 줘야 한다. 무엇인가를 특정하여 머리를 쓰게 하는 복잡한 젊은이들의 기발한 아이템

보다 간단하면서도 실용도 높은, 지팡이 구실을 할 손에 척 감기는 미지 세계와의 교류인 여행이 제격이다. 오늘 단체로 공원 나들이에 나선 노인들은 컴퓨터로 초급 문서 작성법을 배우는 수강생들이다. 시대에 뒤떨어지지 않겠다는 각오로 열정을 불태우는 노인들이다.

잠재된 감각 재능은 노력에 불을 붙이면 충분히 끌어올릴 수 있다. 오늘 땅바닥으로 굴러 떨어진다 해도 의지가 있는 자는 다시 시작할 내일의 새로운 배움에 기대를 건다.

전문가는 드러난 그 무엇보다 한 분야의 지식을 얼마나 체계적으로 잘 구성했는가를 먼저 살핀다. 그 까마득히 높은 경지에 오르려 그들은 느리지만, 더듬더듬 또는 뒤로 되돌아가서 한 자, 한 자 겨우 쓴 짤막한 몇 줄의 글 바탕에서 파일을 불러 하이퍼링크로 저장하는 단계의 기술을 익혀가고 있다.

어느 한 해, 그날도 오늘처럼 꽃샘추위가 맹위를 떨치던 계절이었다. 인적이 퍽 드문 구불구불 경사도로를 거슬러 오르다가 노란 꽃이 만발한 개나리 울타리를 넘어 산중으로 들어섰다. 바싹 메마른 잔 돌멩이 바닥 계곡 위로 바위 동굴이 눈에 띄었다. 어두운 안을 들여다보며 넓이와 면적을 규명하려는데 난데없이 인기척이 들려왔다. 깜짝 놀란 토끼 눈은 누웠던 자리에서 일어나면서 몸을 덮었던 이불을 흘리는 한 사람에게로 모아졌다. 마른 안색이 거칠며 기운이 축 처진 백발 숱이 헐거운 노인이었다. 사십 일 금식 중인 원로 목사였다. 그는 불쑥 들이닥친 낯선 사람에게 올라와 앉으라는 친절을 보였다. 눕는 자리만큼 구들방을 만들어 장작불을 땠기에 누런 장판 바닥은 따뜻했다. 솜이불 속으로 시린 손을 묻었다. 온몸으로 온기가 번졌다.

"하늘나라로 가는 준비 중이라오." 이편에서 묻지도 않았는데도 자진해서 이 말을 들려준 원로 목사의 음성은 가늘면서 떨렸다.

하늘에서 내려다보는 눈의 거리로는 이 땅을 한없이 넓게 볼 것이다. 신앙은 멀다 싶은 하나님을 내 눈 가까이로 모시는 빛이다. 천지를 운행하시는 분은 하나님이시다. 그 절대 주체이신 분은 성 프란체스코의 말처럼 '진흙 등불'이 꺼지지 않도록 늘 돌보신다. 믿는 우리 모두에게….

안개 인생

"주님 품에 평안히 안겼으리라 믿습니다."

믿음 안에서 오랜 지인으로 지내는 분으로부터 형부의 장례식을 무사히 마쳤다는 문자를 받은 후 보낸 나의 답신이다.

꼭 한 달 전인 지난달 초순에는 동갑내기 두 친구가 한날한시에 세상을 떠났다. 보름 전인가는 친구 어머니 빈소에 갔다 오기도 했다. 나는 초등학교 동창과 교회 친구였던 두 사람을 번갈아 생각하며 나의 최후를 내다봤다.

나로서는 그날은 알지 못하나 분명 그 어느 한날에 하나님의 부르심(사전에 준비하라는 계시가 내려지겠으나)을 받게 될 것이다. 그 시각부터 체온이 차갑게 가라앉게 될 나의 시신을 그 누군가가 수습할 것이다. 나는 그 수고를 대신해 줄, 얼굴 형체가 전혀 그려지지 않는 그 누군가에게 다음의 말을 두 손을 맞잡고 꼭 들려주고 싶다.

"화장 후 남은 한 줌의 잿더미는 뿌리줄기를 어두운 땅속에 묻어 두고 춥고 더운 사계절 기후와 무관하게 언제까지나 독야청청 푸른빛을 발하는 소나무 아래에 묻어 달라. 죽음에서의 부활은 하나님의 권한이다."

"내일 일을 너희는 알지 못한다. 너희 생명은 잠깐 보이다 사라지는 안개이다(약4:14)."

후기

내 앞에는 성경이 펼쳐져 있다. 도서관에서 대출받은 여러 권의 책도 책 더미에 함께 얹어져 있다. 이젠 이 책들을 덮어야 할 시간이 되었다. 시간은 새벽 세 시. 지친 걸까? 장정을 마쳤다는 안도감이 꽤나 긴 걸까? 푹 쉬고 싶다는 육신에 피 흐름소리가 없다.